जीनियस की तरह सोचो!

गणितज्ञों और वैज्ञानिकों की प्रेरक कहानियाँ

डेविड ई. मैकएडम्स

कॉपीराइट © 2025। सर्वाधिकार सुरक्षित। इस दस्तावेज़ के किसी भी हिस्से को कॉपी, संग्रहित या प्रसारित नहीं किया जा सकता, जब तक कि कॉपीराइट धारक की स्पष्ट लिखित अनुमति न हो।

विषय - सूची

अभिभावक मार्गदर्शिका....................1
अराजकता के खोजी: एक टीम जिसने हैरान होने की हिम्मत की....................5
सर आइज़ैक न्यूटन: साधारण चीज़ों के बारे में सोचना....................7
जूलिया रॉबिनसन: लगातार कोशिश की रानी....................8
ज़ेनो ऑफ़ एलेआ: जब गलत होना भी कमाल का हो सकता है....................10
यूडॉक्सस ऑफ़ क्नीड्स: शिक्षा का महत्व....................11
अल-ख़्वारिज़्मी: थोड़ा-थोड़ा करके, कदम-दर-कदम....................12
आर्किमिडीज़ ऑफ़ सिरैक्यूज़: वह आविष्कारक जिसने ज़िंदगी को बेहतर बनाया....................14
रेने देकार्त: वह आदमी जिसने गणित के विषयों को मिला दिया....................15
पियरे डे फ़र्मा: गणितीय रहस्यों के बनाने वाले....................16
मारिया गाएताना एग्नेसी: दिमाग और दया का संतुलन बनाने वाली....................18
जिंग फांग: गणित का संगीत और चाँद का गणित....................19
ब्लेज़ पास्कल: वह लड़का जो सीखने के लिए रुक ही नहीं सकता था....................21
पियरे और मेरी क्यूरी: दो चमकते दिमागों की ताकत....................22
आल्बर्ट आइंस्टाइन: जिज्ञासा से चलने वाला दिमाग....................24
जेन गुडॉल: वह औरत जो जंगल के भीतर चली गई....................25
वर्नर फ़ॉन ब्राउन: वह लड़का जो रॉकेटों का सपना देखता था....................27
सी. वी. रमन: वैज्ञानिक जिसने विज्ञान को पहले रखा....................28
जॉर्ज वाशिंगटन कार्वर: वैज्ञानिक जिसने अपनी रोशनी बाँटी....................30
बारबरा मैक्लिंटॉक: कॉर्न से बात करने वाली वैज्ञानिक....................31
अल्बर्ट श्वाइट्सर: वह इंसान जो हर चीज़ की परवाह करता था (खुद की भी!)....................33
लियोनार्डो दा विंची: वैज्ञानिक जिसने अपने सपनों को रेखाचित्रों में उकेरा....................34
फ़्लॉरेन्स नाइटिंगेल: नर्स जिसने सब कुछ देख लिया....................36
कार्ल सागन: सितारों को निहारने वाला, जो होशियारी से सवाल पूछता था....................38
गैलीलियो गैलिली: आसमान निहारने वाला जिसने अपना मन खोल दिया....................40
ग्रेगर मेंडेल: धैर्य वाला मटर-चुनने वाला वैज्ञानिक....................42
रोसलिंड फ्रैंकलिन: पहेली सुलझाने वाली साझेदार....................43
रिचर्ड फाइनमैन: महान समझाने वाले वैज्ञानिक....................45
माइकल फ़ैराडे: सच की चिंगारी....................46
योहानेस केप्लर: ग्रहों की पहेली सुलझाने वाला....................47
निकोलाई टेस्ला: वह आदमी जो चिंगारियों में सपने देखता था....................48
चिएन-शिओंग वू: वह वैज्ञानिक जिन्होंने हार नहीं मानी....................50
रेचल कार्सन: वह वैज्ञानिक जिन्होंने धरती की ओर से आवाज़ उठाई....................51
अलेक्ज़ेंडर फ़्लेमिंग: फफूँदी वाला सरप्राइज़ हीरो....................53
चार्ल्स डार्विन: वह खोजी जो "मुझे नहीं पता" कहने से नहीं डरता था....................55
टाइको ब्राहे: तारों को नापने वाला महान उस्ताद....................56
दिमित्री मेंडेलीव: उथल-पुथल वाली रासायनिक दुनिया में व्यवस्था का उस्ताद....................58
सोफी जर्मेन: वह महिला जो बार-बार पूछती रही—"क्यों?"....................59
पॉल एरडॉश: वह आदमी जिसे नींद से ज़्यादा संख्याएँ प्यारी थीं....................61
लियोनहार्ड ऑयलर: गणित का जादूगर....................63
जेम्स क्लर्क मैक्सवेल: छिपे हुए पैटर्नों का उस्ताद....................64

अभिभावक मार्गदर्शिका

गणितज्ञों और वैज्ञानिकों की प्रेरक कहानियाँ – और वे जो गुण सिखाते हैं

> *यह किताब सिर्फ कहानियों का संग्रह नहीं है। यह विचारों का एक बगीचा है, हर कहानी एक बीज, हर गुण एक उगती हुई कली। जब हमारे बच्चे सुनते हैं, हैरान होते हैं और कल्पना करते हैं, तो हम उनकी मदद कर रहे होते हैं कि वे सिर्फ ज्ञान में नहीं, बल्कि चरित्र में भी बढ़ें।*

इन पन्नों में हर वैज्ञानिक और हर गणितज्ञ हमें सिर्फ अपनी प्रतिभा नहीं दिखाता। वे हमें यह भी सिखाते हैं कि जीना कैसे है। उनके दिमाग ने संभव की सीमाओं को फैलाया, लेकिन उनके गुणों ने उन्हें ज़मीन से जोड़े रखा: जिज्ञासा, धैर्य, कल्पना, लचीलापन और बहुत कुछ। ये सिर्फ जीनियस के गुण नहीं हैं, ये अच्छी ज़िंदगी के गुण हैं।

अपने बच्चे के साथ इस किताब का उपयोग कैसे करें

हर कहानी के अंत में थोड़ा ठहरें। ऐसे प्रश्न पूछें:

- *इस व्यक्ति ने ऐसा क्या किया जो बहुत कठिन था?*
- *उन्हें आगे बढ़ते रहने में किस चीज़ ने मदद की?*
- *वे किस तरह के इंसान बन रहे थे?*
- *हम आज उस गुण को कैसे आज़मा सकते हैं?*

ये कहानियाँ एक शुरुआत हैं। इन्हें बातचीतों, डूडल्स, परिवार के प्रोजेक्टों और सोच-विचार में खिलने दीजिए। गुण तब सबसे अच्छे उगते हैं, जब उन्हें मिल-जुलकर **जिया** जाता है।

अपने बच्चे को प्रेरित करें कि वे हर कहानी से प्रेरित होकर डायरी लिखें, चित्र बनाएँ, नाटक करें या छोटे-छोटे लक्ष्य तय करें। ये सिर्फ "पाठ" नहीं हैं। ये ऐसे मौके हैं, जिनसे आप घर में ऐसी संस्कृति बना सकते हैं जो बुद्धिमत्ता, आश्चर्य और दिल की गहराई को सम्मान दे।

साथ मिलकर खोजने और अभ्यास करने के गुण

जिज्ञासा – *मैरी क्यूरी*
वह ऐसे सवाल पूछती थीं, जिनके बारे में किसी ने सोचा भी नहीं था। इसे आज़माएँ: जिज्ञासा भरी सैर पर जाएँ। एक पारिवारिक "क्यों डायरी" रखें। अपने बच्चे को आपको ज़ोर से सवाल करते हुए सुनने दें।

कल्पना – *निकोला टेस्ला*
उन्होंने ऐसी मशीनों के सपने देखे जो बिजली के साथ नृत्य करती थीं। इसे आज़माएँ: गत्ते से अजीब-अजीब मशीनें बनाइए। सोने से पहले "क्या हो अगर...?" वाली कहानियाँ सुनाइए।

लगातार प्रयास – *जूलिया रॉबिनसन*
वह बार-बार असफल होती थीं, पर फिर भी कोशिश करती रहती थीं। इसे आज़माएँ: "गलती वाला दिन" मनाएँ। अपनी असफलताओं की कहानियाँ साझा करें। अपने परिवार का नारा बनाइए: "फिर कोशिश करो, और इस बार और बेहतर करो।"

अवलोकन – *फ्लोरेंस नाइटिंगेल*
उन्होंने ऐसे पैटर्न देखे, जिनसे जानें बचीं। इसे आज़माएँ: निरीक्षण वाले खेल खेलें। घर में डेटा इकट्ठा करें: टॉयलेट पेपर कौन बदलता है? बिल्ली को कौन खाना देता है?

विनम्रता – *चार्ल्स डार्विन*
उन्होंने सबूतों को अपनी मान्यताओं को बदलने दिया। इसे आज़माएँ: ज़ोर से कहें, "मैं गलत था।" अपना मन बदलने की हिम्मत का जश्न मनाएँ।

सटीकता – *टाइको ब्राहे*
उन्होंने तारों को एक-एक करके बड़ी सावधानी से दर्ज किया। इसे आज़माएँ: ध्यान से बेकिंग या क्राफ्टिंग करें। नापें और चकित हों। एक काम को धीरे-धीरे और बहुत अच्छे से करने का अभ्यास करें।

शिक्षा – *यूडॉक्सस ऑफ़ क्नीडस*
उन्होंने जितना हो सका उतना सीखा, फिर सब बाँट दिया। इसे आज़माएँ: अपने बच्चे को आपको कुछ नया सिखाने दें। बात करें कि सीखना एक ऐसा उपहार है जिसे आगे बाँटा जाता है।

शुरुआती सीखना – *ब्लेज़ पास्कल*

उन्होंने इंतज़ार नहीं किया। वे जल्दी और बार-बार हैरान होते रहे। इसे आज़माएँ: अपने बच्चे से पूछें, "तुम अभी क्या सीखना सबसे ज़्यादा पसंद करोगे/करोगी?" फिर उसे साथ मिलकर खोजें।

गलत होना भी सही हो सकता है – *ज़ेनो ऑफ़ एलेआ*

उनकी गलतियों ने सदियों तक चलने वाली सोच को हवा दी। इसे आज़माएँ: अपने बच्चे की बहादुर सोच की तारीफ़ करें, भले ही वह गलत हो। पूछें, "और क्या सच हो सकता है?"

आलोचनात्मक सोच – *कार्ल सेगन*

उन्होंने लोगों को समझदारी से सवाल करना सिखाया। इसे आज़माएँ: परिवार का "बकवास डिटेक्टर" बनाएँ। विज्ञापन देखें या सुर्खियाँ पढ़ें और पूछें, "यहाँ चाल क्या है?"

कदम-दर-कदम खोज – *मुहम्मद इब्न मूसा अल-ख्वारिज़्मी*

उन्होंने बीजगणित को एक-एक समझ से तैयार किया। इसे आज़माएँ: जब आपका बच्चा कुछ नया सीखे, तो पूछें: "अब इसके बाद क्या आएगा?" विचारों को परत-दर-परत जोड़ने के लिए प्रोत्साहित करें।

लचीलापन – *चिएन-शीउंग वू*

उन्होंने ठुकराए जाने के बीच भी चमक और गरिमा के साथ आगे बढ़ती रहीं। इसे आज़माएँ: जब ज़िंदगी कठिन हो, तो कहें: "यह मुश्किल था। तुम सच में बहादुर बने रहे।"

लचीली सोच – *अलेक्ज़ेंडर फ़्लेमिंग*

उन्होंने अनपेक्षित चीज़ों में छुपा जादू देखा। इसे आज़माएँ: हादसों को रोमांच में बदलने दीजिए। नई दिशाओं के लिए खुले रहें, भले ही वे आपकी योजना न हों।

ज़िंदगी को बेहतर बनाना – *आर्किमिडीज़ ऑफ़ सिरैक्यूज़*

उन्होंने एक-एक आविष्कार से दुनिया को बेहतर बनाया। इसे आज़माएँ: पूछें, "हम घर में क्या चीज़ आसान या बेहतर बना सकते हैं?"

व्यवस्थित करना – *दिमित्री मेंडलीव*

उन्होंने बिखरे हुए डेटा को एक सुव्यवस्थित सारणी में बदला। इसे आज़माएँ: मोज़े छाँटें। शंख छाँटें। "नीट आइडिया" बोर्ड या नोटबुक बनाए रखें।

साधारण में आश्चर्य – *आइज़ैक न्यूटन*

उन्होंने पूछा, “क्यों?”, जब सेब गिरा। इसे आज़माएँ: साथ-साथ हैरान हों। टोस्टर क्यों उछलकर ऊपर आता है? बादल क्यों तैरते हैं?

विचारों को जोड़ना – *रेने देकार्त*

उन्होंने बीजगणित और ज्यामिति को मिलाकर ग्राफ़ बनाए। इसे आज़माएँ: पूछें, “ये दो विचार मिलकर कैसे काम करते हैं?” संगीत को गणित से जोड़ें, खाना पकाने को रसायन विज्ञान से।

संप्रेषण – *रिचर्ड फ़ाइनमैन*

उन्होंने विज्ञान को खेल जैसा महसूस कराया। इसे आज़माएँ: अपने बच्चे को आपको विचार समझाने दें। साफ़-साफ़ समझाने की तारीफ़ करें। एक-दूसरे को मज़ेदार अंदाज़ में पढ़ाएँ।

क्या हो अगर? – *पियरे डे फ़र्मा*

उन्होंने ऐसे गणितीय प्रश्न सोचे, जिनसे सदियों तक दिमाग उलझे रहे। इसे आज़माएँ: जब आपका बच्चा किसी समस्या से जूझे, तो पूछें: “अब तुम क्या कोशिश करोगे/करोगी?”

ज़िम्मेदारी – *रैचल कार्सन*

उन्होंने जंगली दुनिया के लिए खड़े होने की हिम्मत दिखाई। इसे आज़माएँ: किसी जीवित चीज़ की देखभाल करें। पूछें, “आज किसे या किस चीज़ को हमारी मदद की ज़रूरत है?”

जीवन का संतुलन – *मारिया गैएटाना अग्नेसी*

उन्होंने सेवा और पढ़ाई, दोनों के लिए समय निकाला। इसे आज़माएँ: शांत सीखने और आनंदभरी सेवा, दोनों के समय तय करें। पूछें, “आज किस पर तुम्हारी दया की ज़रूरत हो सकती है?”

अनुशासन – *योहानेस केप्लर*

उन्होंने वर्षों तक ब्रह्मांड की वक्र रेखाओं का पीछा किया। इसे आज़माएँ: एक दीर्घकालिक प्रोजेक्ट चुनें और उसमें थोड़ा-थोड़ा करके जोड़ते जाएँ। प्रगति का जश्न मनाएँ, ना कि सिर्फ़ पूर्णता का।

खुले मन से सोचना – *गैलीलियो गैलिली*

उन्होंने ब्रह्मांड को नई नज़र से देखा, भले ही इसकी कीमत चुकानी पड़ी। इसे आज़माएँ: अलग-अलग रायों का स्वागत करें। पूछें, “चलो फिर से देखें। और क्या सच हो सकता है?”

अद्भुत खोज – ***अराजकता मंडली***

वे अनजान में कूद पड़े और छिपी हुई सुंदरता खोज निकाली। इसे आज़माएँ: अपने बच्चे को उत्साहित करने वाले सवालों के पीछे चलें। बेफिक्र आश्चर्य के लिए जगह बनाएँ।

विषयों को मिलाना – ***जिंग फ़ांग***

उन्होंने गणित और संगीत को मिलाकर सामंजस्य बनाया। इसे आज़माएँ: अप्रत्याशित जोड़ियाँ खोजें, फ़ुटबॉल में ज्यामिति, संगीत में पैटर्न, कविता में ताल।

अभिभावकों के लिए अंतिम विचार

जीनियस कोई बिजली की एक चमक नहीं है; यह एक आजीवन चिंगारी है। यह सोने से पहले पूछे गए सवालों में टिमटिमाता है, गलतियों से निपटने के ढंग में दिखता है, और उन दिलों में चमकता है जो हिम्मत से आश्चर्य करना सीखते हैं।

जब आप ये कहानियाँ पढ़ते हैं और इनमें छिपे गुणों पर सोचते हैं, तो आप सिर्फ ऐसा बच्चा नहीं बड़ा कर रहे जो विज्ञान के बारे में बहुत कुछ जानता है। आप एक सोचने वाला, सपना देखने वाला और काम करने वाला इंसान तैयार कर रहे हैं, ऐसा बच्चा जो हिम्मत, खुशी और बुद्धि के साथ जीना सीख रहा है।

इन कहानियों को अपना मार्गदर्शक बनाइए। गुणों को अपने परिवार का रोमांच बनने दीजिए।

अराजकता के खोजी: एक टीम जिसने हैरान होने की हिम्मत की

ज़्यादा समय पहले की बात नहीं है। कैलिफ़ोर्निया की यूनिवर्सिटी ऑफ़ सैंटा क्लारा में जिज्ञासु दिमागों का एक छोटा-सा झुंड इकट्ठा हुआ। उन्हीं में से एक थे रॉबर्ट शॉ। वे जादूगर की टोपी तो नहीं पहनते थे, लेकिन उनका दिमाग ज़रूर जादूगर जैसा था।

रॉबर्ट और उनके दोस्त सोना या ख़ज़ाने के नक्शे नहीं ढूँढ रहे थे। वे कुछ और भी अजीब चीज़ की खोज कर रहे थे: अराजकता (केऑस)।

पर ठहरो, अराजकता है क्या? सिर्फ़ बिखरा हुआ कमरा? या फिर बालों का बुरा दिन? नहीं! विज्ञान में अराजकता वह होती है जब कोई चीज़ बिल्कुल बेतरतीब और अनपेक्षित लगे, लेकिन गहराई में कहीं... एक छुपा हुआ पैटर्न छिपा हो।

रॉबर्ट शॉ और उनकी टीम सीधी-सादी राहों पर नहीं चलती थी। जब दूसरे वैज्ञानिक ऐसी चीज़ें पढ़ते थे जिनके साफ़ जवाब मिलते हैं, तब ये लोग ऐसे सवाल पूछते थे:

"धुआँ घुमावदार लहरों में ऊपर क्यों उठता है?"
"हम मौसम को एकदम सही-सही क्यों नहीं बता सकते?"
"क्या हम अव्यवस्था के अंदर भी कोई व्यवस्था ढूँढ सकते हैं?"

चित्र 1: अराजकता मंडली

उन्हें नहीं पता था कि ये सवाल उन्हें कहाँ ले जाएँगे। लेकिन उन्होंने सवाल पूछना नहीं छोड़ा। सच कहें, तो यही तो उन्हें सबसे ज़्यादा रोमांचित करता था! वे मानते थे कि *अनजाना* कोई डरने वाली चीज़ नहीं है, यह तो खोजने लायक साहसिक जगह है!

उन्होंने अपने आपको "केऑस कबाल" कहा। कबाल बस एक थोड़ा-फैंसी शब्द है, ऐसे गुप्त-सी, सोचने वाली मंडली के लिए। यह मंडली डरावनी नहीं थी, यह तो जिज्ञासा से चमकती थी। वे अजीब-सी मशीनें बनाते, घूमती-फिरती रेखाओं वाले ग्राफ बनाते, और ऐसे कंप्यूटर मॉडल तैयार करते जो दूर से देखते ही लगते कि जैसे आकाशगंगाएँ नृत्य कर रही हों!

- उन्होंने ये खोजा कि
- एक साधारण टपकता नल भी ढोल के सोलो जैसा व्यवहार कर सकता है।
- उछलती हुई गेंद भी एक गुप्त लय का पालन कर सकती है।
- यहाँ तक कि दिल की धड़कन, ग्रहों की चाल और संगीत, इन सब के अंदर भी "गड़बड़" दिखने वाली चीज़ों में छुपे पैटर्न होते हैं।

अधिकतर लोगों को साफ़-साफ़, सजे-सँवरे जवाब पसंद होते हैं। पर केऑस कबाल को नहीं। उन्हें वो सवाल पसंद थे जिनके साथ न नक्शा हो, न कंपास, और न ही इस बात की गारंटी कि अंत में कोई "ख़ज़ाना" मिलेगा। उनके दिमाग स्पेस रोवर्स की तरह थे, जो निडर होकर अज्ञात की तरफ़ चलते रहते हैं।

उन्होंने हमें सिखाया कि कभी-कभी, कुछ अद्भुत खोजने के लिए, आपको ये कहने में भी आराम होना चाहिए:

"हमें अभी नहीं पता... चलो, पता लगाते हैं!"

रॉबर्ट शॉ और उनके दोस्तों से हम सीख सकते हैं कि अनजाने में झाँकना डरावना नहीं, बल्कि रोमांचक होता है! कि विज्ञान सिर्फ़ समस्याएँ सुलझाने के

लिए नहीं, बल्कि **हैरान होने, भटकने और आश्चर्यों का स्वागत करने** के लिए भी है। और यह कि सबसे उलझी हुई आँधी के भीतर भी, एक सुंदर-सा नृत्य छिपा हो सकता है, अगर आप काफ़ी ध्यान से देखें।

तो अगली बार जब आप खिड़की पर बारिश की बूँदों को दौड़ लगाते देखें, या हवा में घूमते पत्तों को नाचते देखें, याद रखिए: आप अराजकता को देख रहे हैं।

और हो सकता है, बस हो सकता है... आप भी अराजकता की दुनिया की खोज के लिए तैयार हों।

सर आइज़ैक न्यूटन: साधारण चीज़ों के बारे में सोचना

सर आइज़ैक न्यूटन बहुत बड़े सोचने वाले थे। लेकिन ऐसे वाले नहीं जो सिर्फ़ टाइम मशीनों या "गणित से बने ड्रैगन" जैसी पागल आइडिया पर सोचें (हालाँकि उन्हें यह भी मज़ेदार लगता!).

चित्र 2: सर आइज़ैक न्यूटन का सेब

नहीं, न्यूटन को तो साधारण चीज़ों के बारे में सोचना पसंद था, वो चीज़ें जो आप हर दिन देखते हो।

जैसे गिरना।

जैसे कूदना।

जैसे पेड़ से सेब का टप् से नीचे आ गिरना।

जैसे... हम गुब्बारों की तरह उड़ क्यों नहीं जाते और धरती से अलग क्यों नहीं हो जाते?

अधिकतर लोग कभी सोचते ही नहीं। बस कहते हैं, "अरे, हम ज़मीन पर ही रहते हैं, यही तो होता है!" और फिर खेलना जारी रखते हैं या अपना सैंडविच खाने लगते हैं।

लेकिन न्यूटन ऐसे नहीं थे। वे रुक जाते। घूरते। और फिर हैरान होकर सोचते।

"जब मैं कूदता हूँ तो हमेशा नीचे ही क्यों लौट आता हूँ?"

"सेब नीचे ही क्यों गिरता है, तिरछा या ऊपर क्यों नहीं चला जाता?"

"ऐसी कौन-सी अदृश्य ताकत है जो यह सब कर रही है?"

उस अदृश्य ताकत को गुरुत्वाकर्षण (ग्रैविटी) कहा जाता है, और सर आइज़ैक न्यूटन ने पूरी दुनिया को इसे समझने में मदद की।

एक मशहूर कहानी है कि एक बार एक सेब आकर न्यूटन के सिर पर *टपाक* से गिरा। टप! और उसी पल वे ग्रैविटी के बारे में सोचने लगे। क्या यह कहानी सच है? शायद नहीं पूरी तरह। लेकिन यह एक बात ज़रूर दिखाती है: न्यूटन को अपने आस-पास की "बोरिंग" दिखने वाली चीज़ों के बारे में भी गहराई से सोचना पसंद था।

जब उन्होंने पहली बार कठिन गणित पढ़ना शुरू किया, तो वे उलझ गए। बहुत ज़्यादा उलझ गए। वे लगभग हार मानने ही वाले थे। लेकिन फिर एक दिन, अचानक... सब समझ में आने लगा! जैसे दिमाग में तेज़ रोशनी जल जाए, एक "अहा!" वाला पल। और उसी के बाद गणित उन्हें साफ़-साफ़ दिखने लगी।

उस दिन के बाद से न्यूटन ने गणित को एक सुपरपावर की तरह इस्तेमाल किया m साधारण दिखने वाली चीज़ों की जाँच करने के लिए, और ब्रह्मांड के राज़ खोलने के लिए।

तो अगली बार जब आप कोई सेब गिरते देखें, या कूद कर फिर ज़मीन पर लौट आएँ, या चलते-चलते ठोकर खा लें, तो ज़रा मुस्कुरा लेना। यही वही दुनिया है, जिसके बारे में न्यूटन सोचते रहते थे।

और इस दुनिया में आज भी ढेरों राज़ छुपे हैं... बस किसी ऐसे दिमाग का इंतज़ार कर रहे हैं, जो उन्हें नोटिस करे। शायद वो दिमाग आपका हो।

जूलिया रॉबिनसन: लगातार कोशिश की रानी

क्या तुमने कभी बार-बार कोशिश की है, जैसे एक पैर पर खड़े रहने की, कागज़ से मेंढक मोड़ने की, या कोई बहुत ही मुश्किल पहेली हल करने की, और फिर महसूस हुआ हो कि "कुछ भी सही नहीं हो रहा"?

तो सुनो, जूलिया रॉबिनसन उस एहसास को बहुत अच्छी तरह जानती थीं। वे एक गणितज्ञ थीं, यानी ऐसी इंसान जो अपना दिन बहुत कठिन संख्या-पहेलियाँ हल करने में बिताती है, और उन्होंने कई-कई साल ऐसे सवालों पर काम करते हुए गुज़ारे, जो खुद हल होना ही नहीं चाहते थे।

चित्र 3: जूलिया रॉबिनसन – एक प्रमेय साबित करने की कोशिश करते हुए

उनकी दोस्त एलिज़ाबेथ स्कॉट मज़ाक में कहती थीं कि जूलिया का साप्ताहिक टाइम-टेबल कुछ ऐसा था:

सोमवार – एक प्रमेय साबित करने की कोशिश

मंगलवार – एक प्रमेय साबित करने की कोशिश
बुधवार – अभी भी कोशिश जारी
गुरुवार – अभी भी कोशिश जारी
शुक्रवार – प्रमेय है... ओह! ग़लत निकला!

हाँ, सच में, जूलिया बहुत बार असफल हुईं। लेकिन उन्होंने हार नहीं मानी। इसे कहते हैं लगातार प्रयास, यानी कोशिश करना, असफल होना, और फिर भी दोबारा कोशिश करना।

और वे बचपन से ही इतनी दृढ़ थीं।

जूलिया बचपन में बहुत बीमार पड़ गई थीं। इतनी बीमार कि उन्हें पूरे दो साल स्कूल से छुट्टी लेनी पड़ी। लेकिन हार मानने की बजाय, उन्होंने हफ़्ते में केवल तीन दिन ट्यूटर के साथ पढ़कर एक ही साल में चार कक्षाओं का कोर्स पूरा कर लिया! यह वैसा ही है जैसे बाकी सब लोग सीढ़ियाँ एक-एक करके चढ़ें, और तुम चार-चार सीढ़ियाँ एक साथ छलाँग लगाकर पार कर जाओ।

आगे चलकर, वे अपने गणित और विज्ञान की कक्षाओं में अकेली लड़की थीं। उस समय लोग सोचते थे कि लड़कियों को बड़ा होकर वैज्ञानिक या गणितज्ञ नहीं बनना चाहिए। लेकिन जूलिया ने उनकी सोच की परवाह नहीं की। उन्हें गणित से प्यार था, और वे अपनी राह पर चलती रहीं।

सबको उम्मीद थी कि वे एक अध्यापिका बनेंगी, क्योंकि "लड़कियों को तो यही करना चाहिए" ऐसा माना जाता था। लेकिन जूलिया के अपने सपने थे। वे एक मशहूर गणितज्ञ बनीं, इसलिए नहीं कि वे "पहली महिला" थीं, बल्कि इसलिए कि वे उन समस्याओं से चिपकी रहीं जो नामुमकिन लगती थीं... जब तक कि वे नामुमकिन नहीं रहीं।

जूलिया ने एक बार कहा था: "मैं चाहूँगी कि मुझे याद रखा जाए... केवल उन प्रमेयों के लिए जिन्हें मैंने सिद्ध किया है और उन समस्याओं के लिए जिन्हें मैंने हल किया है।"

यह कहने का एक शानदार तरीका है: "मैं सिर्फ़ इसलिए ट्रॉफी नहीं चाहती कि मैं पहली लड़की हूँ जिसने दौड़ लगाई, मैं ट्रॉफी इसलिए चाहती हूँ कि मैं दौड़ पूरा कर पाई!"

तो अगली बार जब कुछ बहुत कठिन लगे, जूलिया को याद करना। कोशिश करते रहो। चाहे वो सोमवार हो, मंगलवार, बुधवार, गुरुवार... और चाहे शुक्रवार को जवाब अभी भी "नहीं, नहीं हुआ" ही क्यों न हो, क्योंकि लगातार प्रयास ही "नहीं होगा" को बदलकर "यूरेका! मिल गया!" में बदल देता है।

ज़ेनो ऑफ़ एलेआ: जब गलत होना भी कमाल का हो सकता है

बहुत, बहुत समय पहले, लगभग 2400 साल पहले, ज़ेनो ऑफ़ एलेआ नाम का एक दार्शनिक रहता था। उसका जन्म लगभग 490 ईसा-पूर्व में हुआ था, और उसने उस ज़माने की एक प्राचीन विचार-परंपरा में पढ़ाई की, जो आज के इटली वाले इलाके में थी। उन दिनों लोग पढ़ाई को हमारे जैसे अलग-अलग विषयों में नहीं बाँटते थे। दर्शन, विज्ञान, धर्म और गणित, सब एक ही बड़े "विचारों के कड़ाही" में पकते रहते थे।

चित्र 4: ज़ेनो ऑफ़ एलेआ – आधे-आधे कदम चलते हुए

अब मज़ेदार बात शुरू होती है: ज़ेनो के पास एक ऐसा आइडिया था जो बाद में ग़लत निकला, लेकिन *बहुत काम का* साबित हुआ!

ज़ेनो सोचता था कि ब्रह्मांड की हर चीज़ मिलकर एक ही बड़ी, अटूट इकाई है। उसकी दलील क्या थी? वह कल्पना करता था कि आप किसी फ़िनिश लाइन की ओर चल रहे हो। सबसे पहले, आप बीच तक जाते हो, आधे रास्ते तक। फिर, जो दूरी बची है, उसका आधा चलते हो। फिर, जो बचता है, उसका भी आधा। और ऐसा लगातार चलता रहता है।

ज़ेनो कहता था कि अगर जगह (स्पेस) को ऐसे बार-बार आधा-आधा करके हमेशा बाँटा जा सकता है, तो आप *कभी* असली अंत तक पहुँच ही नहीं सकते। इसलिए उसे लगा कि ब्रह्मांड को सच में बाँटा ही नहीं जा सकता, सब कुछ एक ही "टुकड़ा" है।

लेकिन सुनो तो... वह गलत था। आज हम जानते हैं कि दुनिया को बहुत-बहुत छोटे हिस्सों में बाँटा जा सकता है, और यह भी कि आप सचमुच ऐसे सफ़र को पूरा कर सकते हो! आप फ़िनिश लाइन तक पहुँचते ही हो।

लेकिन ज़ेनो की इस गलती ने लोगों को *गहराई से सोचने* पर मजबूर कर दिया। चीज़ों को बार-बार छोटे-छोटे हिस्सों में काटने की उसकी कल्पना ने बाद के गणितज्ञों को अत्यल्प (बहुत ही छोटे हिस्से, जो शून्य के करीब होते हैं) के बारे में सोचने के लिए प्रेरित किया।

यही सोच आगे चलकर कलन (कैलकुलस) की खोज तक पहुँची, एक जबरदस्त गणितीय औज़ार, जिसका इस्तेमाल आज विज्ञान, इंजीनियरिंग, अंतरिक्ष यात्रा, यहाँ तक कि वीडियो गेम डिज़ाइन में भी होता है!

तो भले ही ज़ेनो का उत्तर बिल्कुल सही नहीं था, सिर्फ़ अपने विचार लिखकर उसने दुनिया को आगे बढ़ने के लिए एक बड़ा छलाँग लगाने में मदद की। कभी-कभी, गलत होना ही किसी अद्‌भुत खोज की पहली सीढ़ी होता है।

यूडॉक्सस ऑफ़ क्नीड़स: शिक्षा का महत्व

चित्र 5: यूडॉक्सस – हर दिन एथेंस की ओर चलते हुए

क्या तुमने कभी बड़ी मेहनत से कोई चीज़ समझने की कोशिश की है, और बाद में पता चला कि इसे किसी और ने पहले ही हल कर लिया था? इसीलिए दूसरों से सीखना बहुत ज़रूरी है, खासकर वैज्ञानिकों और गणितज्ञों के लिए!

यूडॉक्सस ऑफ़ क्नीड़स लगभग 2400 साल पहले रहते थे, उस जगह पर जिसे आज तुर्की कहा जाता है। यूडॉक्सस बहुत जिज्ञासु थे और जितना हो सके उतना सीखने के लिए दृढ़-संकल्प थे। वे सिर्फ़ एक किताब या एक क्लास से संतुष्ट नहीं हुए, उन्होंने तो सीखने की एक लम्बी साहसिक यात्रा ही शुरू कर दी!

सबसे पहले, उन्होंने आज के इटली वाले इलाके में आर्काइटस नाम के शिक्षक से गणित और संगीत सीखा। फिर वे सिसिली गए, जहाँ उन्होंने फिलिस्टन नाम के डॉक्टर से चिकित्सा (मेडिसिन) की पढ़ाई की। लेकिन कहानी यहीं ख़त्म नहीं होती!

वह हर दिन कई-कई मील पैदल चलते थे, सिर्फ़ इसलिए कि एथेंस में दर्शन और गणित पढ़ सकें, जहाँ महान दार्शनिक प्लेटो पढ़ाते थे। यूडॉक्सस इतने ग़रीब थे कि उन्हें समुद्रतट वाले इलाक़े में रहना पड़ता था और रोज़ शहर तक पैदल चलकर जाना होता था, लेकिन उन्हें कोई शिकायत नहीं थी। वे सबसे बेहतरीन लोगों से सीखना चाहते थे।

इसके बाद वे मिस्र तक चले गए, ताकि हिलियोपोलिस के पुरोहितों से खगोल विज्ञान (एस्ट्रोनॉमी) सीख सकें, वे सितारों और ग्रहों के बड़े जानकार थे। कई सालों तक सीखते रहने के बाद, यूडॉक्सस आखिरकार अपने घर क्नीड़स लौटे और वहाँ अपना खुद का वेधशाला (ऑब्ज़र्वेटरी) बनवाई, ताकि आसमान का अध्ययन कर सकें और जो सीखा था, उसे किताबों में लिखकर दूसरों तक पहुँचा सकें।

इतनी पढ़ाई की वजह से यूडॉक्सस खुद भी दूसरों के शिक्षक बन पाए, ठीक वैसे ही जैसे उनके शिक्षक उनके लिए थे। उन्होंने एक बड़ा गणितीय सवाल समझने में भी मदद की! उस समय बहुत से लोग सोचते थे कि हर संख्या को किसी भिन्न (फ्रैक्शन) की तरह लिखा जा सकता है। लेकिन कुछ संख्याएँ, जैसे दो का वर्गमूल, ऐसे नहीं लिखी जा सकतीं। यूडॉक्सस ने अनुपात (प्रपोर्शन) के बारे में सोचने का एक नया तरीका दिया, जिसने आगे आने वाले गणितज्ञों को चीज़ों को बेहतर समझने में मदद की।

यूडॉक्सस हमें एक बेहद ज़रूरी बात सिखाते हैं: जितना ज़्यादा तुम सीखते हो, उतना ज़्यादा तुम खोज सकते हो।

और जब तुम दूसरों से सीखते हो, तो तुम्हें हमेशा शुरुआत शून्य से नहीं करनी पड़ती। इसीलिए लोग कहते हैं कि वैज्ञानिक और गणितज्ञ "दिग्गजों के कंधों पर खड़े होते हैं।" यूडॉक्सस ने कड़ी पढ़ाई करके उन कंधों पर चढ़ाई की, और फिर दूसरों को और भी ऊपर चढ़ने में मदद की!

अल-ख़्वारिज़्मी: थोड़ा-थोड़ा करके, कदम-दर-कदम

बहुत समय पहले, बग़दाद नाम के चहल-पहल वाले शहर में एक ऐसे इंसान रहते थे जिन्हें समस्याएँ सुलझाना बहुत पसंद था। उनका नाम था मुहम्मद इब्न मूसा अल-ख़्वारिज़्मी (फ़ारसी: محمد بن موسی خوارزمی)। नाम बड़ा है, तो चलो उन्हें बस अल-ख़्वारिज़्मी कहें।

चित्र 6: हाउस ऑफ़ विज़डम में अल-ख़्वारिज़्मी

अल-ख़्वारिज़्मी एक जादू जैसा लगने वाले स्थान में काम करते थे, जिसका नाम था हाउस ऑफ़ विज़डम, "बुद्धि का घर"। ज़रा कल्पना करो: एक विशाल इमारत, जिसमें हर तरफ़ से आए हुए पांडुलिपियाँ, नक्शे, औज़ार, और दुनिया के कुछ सबसे तेज दिमाग वाले लोग हों, सब मिलकर विचार साझा कर रहे हों। यह मानो सबसे कूल स्कूल, लाइब्रेरी और साइंस लैब, तीनों का कॉम्बो हो!

अल-ख़्वारिज़्मी एक साथ सबकुछ करने की कोशिश नहीं करते थे। उनका विश्वास था कि किसी भी समस्या को थोड़ा-थोड़ा करके, कदम-दर-कदम हल किया जा सकता है। चाहे वे ज़मीन को न्याय से बाँटने का तरीका निकाल रहे हों

या तारों की चाल का हिसाब लगा रहे हों, वे हर काम को छोटे-छोटे हिस्सों में बाँटकर हल करते थे।

जब किसी के पास कोई मुश्किल गणित की समस्या आती, तो अल-ख़्वारिज़्मी कहते, "चलो, इसे चरणों में बाँटते हैं।"

उन्होंने अल-जबर नाम की एक मशहूर किताब लिखी, जिसमें उन्होंने लोगों को सिखाया कि समीकरण (equations) कैसे हल किए जाएँ, यहाँ तक कि तब भी, जब तुम्हें किसी एक संख्या का मान पता ही न हो! यही सोच आगे चलकर अल्जेब्रा (बीजगणित) कहलाने लगी, और आज भी पूरी दुनिया में पढ़ाई जाती है।

वे उलझे हुए सवाल लेते और दिखाते कि कैसे समीकरण के दोनों ओर को तराज़ू की तरह संतुलित किया जा सकता है। उनके ज़माने में '×' या '+' जैसे फैंसी चिन्ह नहीं थे, वे सब कुछ शब्दों में लिखते थे। फिर भी, वे दिखा देते थे कि थोड़ा-थोड़ा करके, कोई भी समस्या सुलझाई जा सकती है।

क्या तुमने कभी सोचा है, हमारा "0 से 9" वाला नंबर सिस्टम कहाँ से आया? अल-ख़्वारिज़्मी ने हिन्दू-अरबी अंकों के इस्तेमाल को फैलाने में मदद की, यानी वही 0,1,2…9, जिनका हम रोज़ उपयोग करते हैं। उससे पहले यूरोप में लोग रोमन अंकों जैसे X, V, L का इस्तेमाल करते थे, जो गणित करने के लिए काफ़ी झंझट भरे थे!

उनकी वजह से हमने स्थानिक मान और दशमलव पद्धति को अपनाया, जिससे जोड़, घटाव, भाग और गुणा सब कहीं ज़्यादा आसान हो गया।

अल-ख़्वारिज़्मी ने अपने समय के लिए दुनिया का सबसे सटीक नक्शों में से एक भी तैयार किया। उन्होंने भूगोल पर किताब लिखी, जिसमें 2,400 से अधिक शहरों के स्थान दर्ज थे! देशान्तर और अक्षांश रेखाएँ का उपयोग करके उन्होंने लोगों को यह समझने में मदद की कि वे धरती पर कहाँ हैं।

उन्होंने पुराने नक्शों, जैसे टॉलेमी के बनाए नक्शों की गलतियाँ सुधारीं, और उस समय के शासक ख़लीफ़ा अल-मामून के लिए एक विशाल नक्शा बनवाने में भी मदद की। इसी तरह, कदम-दर-कदम, उनकी नाप-जोख ने दुनिया की तस्वीर को थोड़ा और सही बना दिया।

उन्होंने चाँद, ग्रहों और तारों के बारे में भी लिखा। अल-ख़्वारिज़्मी ने सूरज और ग्रहों की चाल दिखाने के लिए सारणियाँ (टेबल) बनाईं, और अस्ट्रोलैब तथा सूर्यघड़ी (सन्डायल) जैसे औज़ारों के डिज़ाइन में मदद की, जिनसे लोग सूरज और तारों की मदद से समय जान पाते थे।

अल-ख़्वारिज़्मी हमें एक ज़रूरी बात सिखाते हैं: तुम्हें सबकुछ एक ही दिन में करने की ज़रूरत नहीं है।

उन्होंने अल्जेब्रा किसी एक दोपहर में नहीं बना दी। उन्होंने भारत, फ़ारस और यूनान के पुराने विचारों का अध्ययन किया। फिर अपने ज्ञान को थोड़ा-थोड़ा

जोड़ते गए, कदम-दर-कदम। क्योंकि वे सीखते रहे और अपना ज्ञान आगे बाँटते रहे, उनकी मेहनत ने सदियों तक गणित, विज्ञान और नक्शों की दुनिया को बदल दिया।

सबसे बड़ी सोच भी छोटी से शुरुआत करती है। अल-ख़्वारिज़्मी की तरह, तुम भी आगे बढ़ सकते हो, थोड़ा-थोड़ा करके, कदम-दर-कदम।

आर्किमिडीज़ ऑफ़ सिरैक्यूज़: वह आविष्कारक जिसने ज़िंदगी को बेहतर बनाया

चित्र 7: आर्किमिडीज़ और उसकी "डेथ रे"

बहुत, बहुत समय पहले, 287 ईसा-पूर्व के आसपास, सिसिली द्वीप पर सिरैक्यूज़ नाम के शहर में आर्किमिडीज़ नाम का एक लड़का पैदा हुआ। सिसिली अब इटली का हिस्सा है। आर्किमिडीज़ को गणित से इतना प्यार था कि जब वह नहाते थे या तेल की मालिश करवाते थे (जो उस ज़माने में बहुत आम था), तब भी अपने शरीर पर या चूल्हे की राख में आकृतियाँ और रेखाएँ बनाकर गणित के "डूडल" करते रहते थे। उनके लिए तो गणित सचमुच मज़े की चीज़ थी!

लेकिन आर्किमिडीज़ सिर्फ़ सपने देखने वाले नहीं थे, वे ऐसे आविष्कारक थे जिन्होंने दुनिया बदल दी। उनके शुरुआती बड़े आइडियाओं में से एक था आर्किमिडीज़ स्क्रू। यह एक घुमावदार नली जैसा होता है जो पानी को नीचे से ऊपर की ओर चढ़ा देता है, और आज भी यह मशीन किसानों को अपनी फ़सलों को पानी देने में मदद करती है!

जब उनका शहर हमले के खतरे में था, तो आर्किमिडीज़ भागे नहीं, उन्होंने आविष्कार किए! उन्होंने सिरैक्यूज़ की रक्षा के लिए अजीब-सी, लेकिन शानदार मशीनें बनाईं, जैसे विशाल पंजे जो दुश्मन जहाजों को पकड़ लेते, उन्हें हवा में झुलाते और फिर चट्टानों पर पटक देते। कहा तो यह भी जाता है कि उन्होंने दर्पणों से सूरज की रोशनी एक जगह इकट्ठी करके दुश्मन जहाज़ों में आग लगा दी, यानी उनकी अपनी "डेथ रे"! उन्होंने यह सब मज़े के लिए नहीं किया, बल्कि अपने घर की रक्षा के लिए।

लेकिन आर्किमिडीज़ सिर्फ़ मशीनें ही नहीं बनाते थे, वे गणित को भी आसान और शक्तिशाली बनाते थे। उन्होंने गोलाई वाली आकृतियों, जैसे वृत्त और गोले, को मापने के तरीके खोजे। उनके विचारों ने सैकड़ों साल बाद सर आइज़ैक न्यूटन जैसे महान गणितज्ञों की भी मदद की।

उन्होंने यह भी समझाया कि चीज़ें पानी में तैरती कैसे हैं। आज जब तुम स्विमिंग पूल में छपाक से कूदते हो और पानी बाहर छलक जाता है, तो तुम असल में आर्किमिडीज़ के सिद्धांत को काम करते देख रहे होते हो!

उन्होंने बहुत-बहुत बड़े संख्याओं को गिनने का एक चालाक तरीका भी खोजा, इतनी बड़ी संख्याएँ कि उन्होंने कहा, इससे तो पूरे ब्रह्मांड में रेत के सभी कण भी गिने जा सकते हैं। इसे कहते हैं सच में बड़ा सोचना!

हालाँकि आर्किमिडीज़ पुली की मदद से जहाज़ तक हिला सकते थे, और अपनी मशीनों से पूरी की पूरी सेना डरा सकते थे, फिर भी वे मानते थे कि दुनिया की सबसे सुंदर चीज़ गणित है। जब उनकी मृत्यु रोमन हमले के दौरान हुई, तब भी वे ज़मीन पर बने अपने गणित के चित्रों में गुम थे, समस्या हल करने में डूबे हुए।

आर्किमिडीज़ हमें यह दिखाते हैं कि कल्पना + गणित मिलकर दुनिया बदल सकते हैं। वे मानते थे कि सबसे जटिल विचार भी ज़िंदगी को बेहतर बना सकते हैं, बूँद-बूँद करके, स्क्रू-स्क्रू करके, आकार-आकार करके।

क्या तुम भी कुछ उपयोगी आविष्कार करना चाहोगे? तुम ऐसा क्या बनाना चाहोगे जो ज़िंदगी को आसान या और ज़्यादा मज़ेदार बना दे?

रेने देकार्त: वह आदमी जिसने गणित के विषयों को मिला दिया

रेने देकार्त एक गहरे सोचने वाले इंसान थे, जो बहुत समय पहले रहते थे। उनका जन्म 1596 में फ़्रांस में हुआ था। जब वे छोटे थे, तो अक्सर बीमार महसूस करते थे, इसलिए उन्हें सुबह देर तक बिस्तर पर रहने की इजाज़त थी। लेकिन बिस्तर पर रहते-रहते भी उनका दिमाग चलता रहता था, वे चीज़ों के बारे में गहराई से सोचते थे।

उन्होंने स्कूल में काफ़ी मेहनत से पढ़ाई की और ख़ास तौर पर गणित में बहुत दिलचस्पी लेने लगे। उन्हें गणित इसलिए पसंद था क्योंकि यह साफ़-सुथरा, तार्किक और भरोसेमंद होता है।

चित्र 8: रेने देकार्त – ग्राफ बनाते हुए

बाद में ज़िंदगी में देकार्त ने पूरे यूरोप की यात्रा की और बहुत सारी किताबें पढ़ीं। लेकिन उन्हें लगा कि ज़्यादातर विषयों में अंदाज़े, बहस और उलझन भरी

पड़ी है। सिर्फ़ गणित ही उन्हें *पूरी तरह पक्का और मज़बूत* लगा। तभी उनके दिमाग में एक बड़ा आइडिया आया:

"अगर हम पूरे संसार को समझने के लिए गणित का इस्तेमाल करें तो?"

उनकी सबसे महत्वपूर्ण खोज थी कि वे बीजगणित और ज्यामिति , इन दो अलग-अलग दिखने वाले गणित के हिस्सों, को एक साथ जोड़ सकते हैं। ज्यामिति में आकृतियाँ और रेखाएँ होती थीं।

बीजगणित में संख्याएँ और समीकरण।

देकार्त ने देखा कि अगर हम कागज़ पर एक जाली जैसा ग्रिड बनाएँ (जैसे ग्राफ), और उसमें संख्याएँ रखें, तो:

- कोई आकृति एक समीकरण बन सकती है,
- और कोई समीकरण एक आकृति के रूप में दिख सकता है!

उनकी इस अद्भुत सोच से वह चीज़ पैदा हुई जिसे आज हम वैश्लेषिक ज्यामिति कहते हैं, जो खुद उनके नाम पर है । इसी की वजह से हम ग्राफ पेपर पर $y = x + 2$ जैसे समीकरणों से सीधी रेखाएँ और दूसरी वक्र रेखाएँ खींच पाते हैं।

देकार्त की खोज ने हमें यह करने में मदद की:

- इमारतों और पुलों की डिज़ाइन,
- वीडियो गेम की दुनिया बनाना,
- और यहाँ तक कि रॉकेट की उड़ान के रास्ते की गणना!

हालाँकि देकार्त ने दर्शन और विज्ञान भी पढ़ा, लेकिन बीजगणित और ज्यामिति को मिलाने का उनका काम दुनिया के लिए उनकी सबसे बड़ी देन में से एक है।

उन्होंने साबित किया कि गणित के अलग-अलग हिस्से मिलकर साथ काम कर सकते हैं, और इसी मिलन ने गणित को नई-नई, चौंका देने वाली दिशाओं में बढ़ने का मौका दिया।

कौन जानता है, शायद तुम्हारे दिमाग में भी किसी दिन दो अलग-अलग आइडिया टकराकर कुछ नया गणित, नया खेल या नई खोज बना दें!

पियरे डे फ़र्मा: गणितीय रहस्यों के बनाने वाले

फ्रांस के धूप भरे दक्षिणी हिस्से में, पियरे डे फ़र्मा नाम के एक जिज्ञासु वकील रहते थे। दिन में वे टूलूज़ शहर में कानूनी मामलों की उलझनें सुलझाते थे। लेकिन रात होते ही... आह, रात होते ही उनका दिमाग एक जादुई दुनिया में घूमने निकल पड़ता, संख्याओं, आकृतियों और बेहद पेचीदा पहेलियों की दुनिया में।

फ़र्मा सिर्फ़ सवाल हल नहीं करते थे, वे नए सवाल गढ़ते थे! वे हमेशा पूरी-पूरी व्याख्या या चमचमाते शोध-पत्र नहीं लिखते थे। इसके बजाय वे किताबों के किनारों (मार्जिन) में नोट्स लिख देते, या अपने दोस्तों को चिट्ठी भेजकर कहते:

> *"ये लो एक पहेली। ज़रा देखो, इसे हल कर सकते हो या नहीं!"*

चित्र 9: पियरे डे फ़र्मा – किताब के किनारों पर लिखते हुए

ये चुनौतियाँ सिर्फ़ गणित के सवाल नहीं थीं। वे बीज थे, छोटे-छोटे सवाल, जो आगे चलकर विशाल गणितीय खोजों में बदल गए। कुछ तो ऐसे थे जिनके फूल सैकड़ों साल बाद जाकर खिले।

ऐसे ही बीजों में से एक था उनका मशहूर रहस्य, फर्मा का अंतिम प्रमेय:

> *"कोई भी तीन पूर्ण संख्या A, B और C, समीकरण $A^n + B^n = C^n$ को किसी भी ऐसे पूर्ण n के लिए पूरा नहीं कर सकतीं जो 2 से बड़ा हो।"*

उन्होंने कहा कि उनके पास इसका प्रमाण है, लेकिन उन्होंने प्रमाण लिखकर छोड़ा ही नहीं!

उनका यह छोटा-सा नोट लगभग 350 साल लंबी "ख़ज़ाना खोज" की शुरुआत बन गया। इसे साबित करने की कोशिश में गणित की पूरी-की-पूरी नई-नई शाखाएँ बन गईं, आख़िरकार 1994 में एंड्रयू वाइल्स ने इसे सिद्ध किया।

फ़र्मा सिर्फ़ बड़े प्रमेयों के पीछे नहीं थे। उन्होंने कलन के शुरुआती विचारों में योगदान दिया, ब्लेज़ पास्कल (हाँ, वही पास्कल) के साथ मिलकर प्रायिकता पर काम किया, और रोशनी की भौतिकी से खेलते हुए फ़र्मा का सिद्धांत दिया:

> *"प्रकाश हमेशा वह रास्ता चुनता है जिसमें समय सबसे कम लगता है।"*

लेकिन उनकी असली जादूगरी क्या थी?

फ़र्मा ने दुनिया को दिखाया कि एक अच्छा सवाल पूछना, कभी-कभी जवाब जानने से भी ज़्यादा ताकतवर हो सकता है। उनकी कठिन पहेलियों ने पीढ़ी दर पीढ़ी गणितज्ञों को परेशान भी किया, प्रेरित भी, और चकित भी।

और इसी तरह उन्होंने हमें एक बड़ी सच्चाई सिखाई: एक ऐसा सवाल, जो अच्छी तरह पूछा गया हो और हैरत से भरा हो, सदियों तक गूँज सकता है,

जिज्ञासु दिमागों को सोचने, खोजने और अनजाने की दुनिया में कदम रखने के लिए बुलाता हुआ।

मारिया गाएताना एग्नेसी: दिमाग और दया का संतुलन बनाने वाली

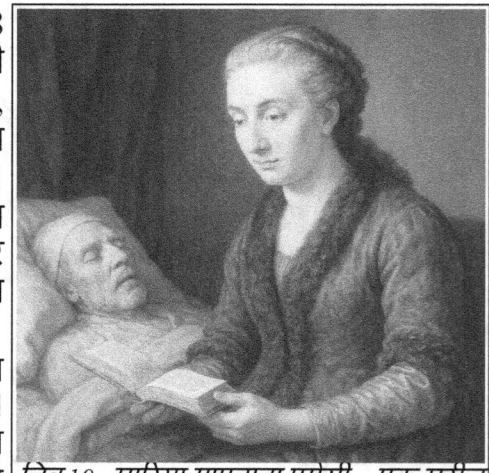

इटली के शहर मिलान में, 1718 में, मारिया गाएताना एग्नेसी नाम की एक बच्ची पैदा हुई। घर में संगीत था, पैसा था, और... बीस से भी ज़्यादा भाई–बहन थे! (हाँ, सच में, कुल 21 बच्चे!) लेकिन मारिया किसी आम बच्ची जैसी नहीं थी। वह थी एक सुपर दिमाग, और साथ में बहुत शालीन कपड़ों वाली नन्ही विद्वान।

चित्र 10: मारिया गाएताना एग्नेसी – एक मरीज़ को सांत्वना देती हुई

पाँच साल की उम्र तक मारिया इटालियन और फ्रेंच बोल लेती थी। ग्यारह साल की होते-होते वह सात भाषाओं में बात कर सकती थी, मानो शब्दों का चलता-फिरता इंद्रधनुष! उसका निकनेम था: "सेवन-टंग्ड ओरटर" – यानी *सात ज़बानों वाली वक्ता*। वह तोते और प्रोफ़ेसरों, दोनों से ज़्यादा बोल सकती थी!

मारिया को पढ़ाई से इतना प्यार था कि उसने इतना अधिक पढ़ लिया कि वह सचमुच बीमार पड़ गई। डॉक्टरों ने कहा कि उसे नाचना चाहिए, घुड़सवारी करनी चाहिए, थोड़ा हल्का रहना चाहिए। लेकिन तुम क्या सोचते हो, घोड़े पर दौड़ते समय उसने दिमाग से गणित के सवाल सोचना बंद कर दिया होगा? बिलकुल नहीं!

जब वह अपने ढेर सारे भाई–बहनों की होमवर्क में मदद नहीं कर रही होती, तब मारिया संख्याओं की दुनिया में गहरी डुबकी लगाती। चौदह साल की उम्र तक वह बैलिस्टिक्स और ज्यामिति पढ़ रही थी। (जिनके नाम तक बहुत लोग कॉलेज तक जाकर सुनते!)

पंद्रह साल की हुई, तो उसके पिता ने बड़े-बड़े शानदार समारोह रखने शुरू किए, जहाँ मारिया मिलान के सबसे होशियार विद्वानों को अपने दिमाग से चौंका देती। उसने 190 बड़े, कठिन विचारों की रक्षा की, जैसे मानो लगातार 190 बहसें जीत ली हों!

लेकिन मारिया को न तो कोई ताज चाहिए था, न महल। उसे लोगों की मदद करनी थी और ईश्वर की सेवा करनी थी।

तो उसने अपने आप से एक सौदा किया: अगर वह घर पर चुपचाप बैठकर गणित कर सके, तो वह गरीबों की भी सेवा करेगी। और उसने यह वादा निभाया। उसने हर गणितीय सवाल के साथ–साथ दयालुता भी बाँटी।

मारिया ने एक विशाल गणित की किताब लिखी, जिसका नाम था *Instituzioni Analitiche,* यह किताब डिफ़रेंशियल और इंटीग्रल कैलकुलस दोनों का मार्गदर्शन करती थी। आज भी वैज्ञानिक इसी तरह के कैलकुलस का इस्तेमाल रॉकेट से लेकर रोलर कोस्टर तक सबकुछ समझने के लिए करते हैं!

उसकी किताब इतनी शानदार थी कि उसे पोप, रानी, और कई बड़े-बड़े लोगों से प्रशंसा-पत्र मिले।

एक मज़ेदार-सी गणितीय वक्र रेखा (कर्व) भी उसके नाम पर है, जिसे कहते हैं "विच ऑफ़ एग्नेसी"। यह कोई डरावनी डायन नहीं, बल्कि एक प्यारी, चतुर वक्र रेखा है, कुछ-कुछ मारिया के दिमाग की तरह: नर्म, गहरी और समझदार।

ज़िंदगी के बाद के वर्षों में मारिया ने गणित की किताबें प्रकाशित करना लगभग छोड़ दिया, और उसकी जगह प्यार और सेवा को प्रकाशित करना शुरू किया। वह बीमारों, बुज़ुर्गों और बेघर लोगों की मदद करने लगी। उसने अपनी संपत्ति बाँट दी, दूसरों से दान माँगा, और बुज़ुर्गों के लिए एक घर शुरू किया, जहाँ वह खुद भी एक साधारण, विनम्र नन की तरह रहने लगी।

1799 में जब उसका निधन हुआ, उसके पास सोने–चाँदी के ढेर नहीं थे, लेकिन उसके पास उद्देश्य से भरी हुई ज़िंदगी थी।

मारिया ने दुनिया को दिखाया कि तुम एक साथ बहुत बुद्धिमान भी हो सकते हो और बहुत दयालु भी। तुम एक गणितज्ञ भी हो सकते हो और इंसानों की सेवा करने वाले भी।

उसने साबित किया कि तुम्हारा दिमाग और तुम्हारा दिल, दोनों मिलकर दुनिया को ऐसे थाम सकते हैं जैसे दो हाथ, जो मिलकर किसी को सहारा देते हैं।

तो अगली बार जब तुम कोई गणितीय समीकरण संतुलित करो या किसी दोस्त की मदद करो, एक पल के लिए मारिया को याद करना, वह गणित की जादूगरनी, जिसने संतुलन की कला में महारत हासिल की थी।

जिंग फांग: गणित का संगीत और चाँद का गणित

बहुत समय पहले, लगभग दो हज़ार साल पहले, प्राचीन चीन में जिंग फांग (京房) नाम का एक व्यक्ति रहता था। वह मानता था कि अंक केवल भेड़ें गिनने के लिए नहीं हैं, बल्कि उनसे संगीत, तारों और यहाँ तक कि चाँद के राज भी खोले जा सकते हैं!

जिंग फांग कोई साधारण सोच वाला व्यक्ति नहीं था। वह संगीत और गणित को मिलाने में उस्ताद था। ज़रा कल्पना करो, जैसे तुम पहेलियाँ हल करते हो,

वैसे ही वह सुरों की गणना करता था! सम्राट के संगीत विभाग में काम करते हुए उसने एक जादू जैसा खोज लिया: अगर तुम 53 परफ़ेक्ट फ़िफ़्थ्स (एक खास तरह की सुरों की दूरी) को एक के ऊपर एक जमाओ, तो वे लगभग 31 ऑक्टेव्स (वही सुर, बस बहुत ऊँचे-नीचे) के बराबर हो जाते हैं। यह कुछ ऐसा था जैसे तुम एकदम सही गोल चक्कर लगाकर चलो और फिर लगभग ठीक वहीं वापस पहुँच जाओ जहाँ से चले थे!

चित्र 11: जिंग फांग – गणित और संगीत

यह करने के लिए उसने बहुत बड़े अंकों और चालाक तरीकों का इस्तेमाल किया, बार-बार बाँटना, जोड़ना और फिर से गिनना। यह एक तरह से संगीत की रेसिपी थी, बस इसमें आटा-अंडे की जगह गणित था। केवल लगभग छः अंकों की सटीकता के साथ ही उसके उत्तर इतने सही थे कि लोगों के कान फर्क ही नहीं सुन पाते थे। उसकी खोज ने लोगों को यह समझने में मदद की कि सुरों को कैसे ठीक-ठाक मिलाया जाए, जैसा पहले किसी ने नहीं किया था। और सोचो, यूरोप में किसी ने उसकी इस आइडिया को पकड़ने में लगभग 1600 साल लगा दिए!

लेकिन जिंग फांग ने सिर्फ़ संगीत ही नहीं पढ़ा। वह आसमान की ओर भी देखता था और उसने चाँद के बारे में एक बड़ी कमाल की बात समझी: चाँद खुद नहीं चमकता, वह तो सूरज की रोशनी को लौटाता है, जैसे कोई बड़ा, चमकता हुआ दर्पण! उसे यह भी मालूम था कि चाँद गोल है, एक गेंद की तरह, बहुत पहले से, जब बहुत से लोग इस पर यकीन भी नहीं करते थे।

और बस इतना ही नहीं। जिंग फांग एक प्राचीन ज्ञान-पुस्तक से भी मोहित था, जिसका नाम था *यीजिंग* (Yijing), जिसे *आई चिंग* (I Ching) भी कहा जाता है। यह रहस्यमय हेक्साग्रामों और संकेतों से भरी हुई थी। उसने उसके पैटर्न समझने के लिए भी गणित का सहारा लिया और उन पैटर्न के सहारे चीज़ों का अनुमान लगाता था। तुम कह सकते हो कि उसके लिए गणित एक जादुई चाबी थी, जिससे वह सब कुछ खोलने की कोशिश करता था: आवाज़, अंतरिक्ष, समय और बदलाव के रहस्य।

दुर्भाग्य से, जिंग फांग का जीवन दुखद ढंग से समाप्त हुआ, लेकिन उसके विचार ज़िंदा रहे, सदियों तक उड़ते रहे, वैज्ञानिकों और संगीतकारों को प्रेरित करते रहे।

तो अगर तुम्हें अंक, संगीत, तारे या रहस्यों को सुलझाना पसंद है, तो समझ लो कि तुम पहले से ही जिंग फांग के गीत की ही धुन पर नाच रहे हो।

ब्लेज़ पास्कल: वह लड़का जो सीखने के लिए रुक ही नहीं सकता था

फ्रांस में, क्लेरमाँ नाम के एक शहर में, 19 जून 1623 को ब्लेज़ पास्कल नाम का एक लड़का पैदा हुआ। दुनिया को क्या पता था कि यह लड़का चालीस साल का होने से पहले ही गणित, विज्ञान और दर्शन के सबसे चमकदार दिमागों में से एक बन जाएगा!

चित्र 12: ब्लेज़ पास्कल अपने पिता को एक प्रूफ दिखाते हुए

जब ब्लेज़ सिर्फ़ तीन साल का था, उसकी माँ का देहांत हो गया, और उसके पिता एतिएन (Étienne) ने उसे और उसकी बहनों को अकेले पाला। एतिएन की पढ़ाई को लेकर कुछ बहुत ही सख़्त (और थोड़ा अजीब!) सोच थी। उसने तय किया कि ब्लेज़ को पंद्रह साल की उम्र तक गणित पढ़ने ही नहीं देगा। हाँ, सच में, कोई गणित नहीं!

लेकिन ब्लेज़ बहुत जिज्ञासु था। वह सोचता, गणित में ऐसा क्या है कि उसे छिपाकर रखा जा रहा है? तो बारह साल की उम्र में उसने चुपके-चुपके खुद ही गणित पर काम शुरू कर दिया। एक दिन उसने अपने पिता को अपनी खोज दिखाकर चौंका दिया: किसी भी त्रिभुज के कोणों का योग हमेशा दो समकोण के बराबर होता है! एतिएन इतना प्रभावित हुआ कि उसने हार मान ली और ब्लेज़ को महान गणितज्ञ यूक्लिड (Euclid) की किताब दे दी। यह जैसे ब्लेज़ के हाथ में गणित का ख़ज़ाने का संदूक आ गया हो।

चौदह साल की उम्र में ब्लेज़ अपने पिता के साथ पेरिस में विद्वानों की बैठकों में जाने लगा। ज़रा सोचो, एक टीनएजर जो खेल खेलने की बजाय गणित के उस्तादों और दार्शनिकों के साथ बैठकों में जा रहा हो! सोलह साल की उम्र में उसने उस समूह को अपनी खोज से दंग कर दिया, जिसे आज पास्कल का मिस्टिक हेक्सागॉन कहा जाता है, यह ज्यामिति नाम की गणित की शाखा से जुड़ा एक जबरदस्त रहस्यमय आकार है।

जब वे रूआँ शहर में आ बसे, तो ब्लेज़ ने अपने पिता की टैक्स इकट्ठा करने में मदद शुरू की। लेकिन सिक्कों, *livres*, *sols* और *deniers* की सारी गिनती

रखना बड़ा मुश्किल काम था। तो ब्लेज़ ने एक कमाल की चीज़ बनाई: एक मशीन जो जोड़ और घटाव कर सकती थी! इस मशीन को पास्कलाइन कहा गया, और यह शुरुआती कैलकुलेटर जैसा दिखती थी। और तब ब्लेज़ सिर्फ़ उन्नीस साल का था।

लेकिन ब्लेज़ यहीं नहीं रुका। वह जानना चाहता था कि हवा और पानी जैसी चीज़ें ऐसे क्यों बर्ताव करती हैं। उसने दाब (प्रेशर) का अध्ययन किया, साबित किया कि निर्वात (वैक्यूम) सचमुच हो सकता है, और खाली जगह के बारे में मशहूर दार्शनिक रेने डेकार्त (René Descartes) से बहस तक कर डाली। (डेकार्त ने मज़ाक में कहा कि ब्लेज़ के दिमाग में "बहुत ज़्यादा वैक्यूम" है। उफ़!)

फिर और खोजें आईं। उसने समझाया कि तरल पदार्थ चीज़ों पर कैसे दबाव डालते हैं, आज इसे पास्कल का नियम (Pascal's Law) कहते हैं। उसने पानी की बूंदों के आकार, टेढ़ी-मेढ़ी रेखाओं और घूमते गोलों का भी अध्ययन किया। उसने एक और महान विचारक पियेर द फ़र्मा के साथ मिलकर प्रायिकता नाम की गणित की शाखा की नींव रखी, यानी वही गणित जो खेलों, अनुमान और "कितना चान्स है?" जैसे सवालों के पीछे काम करती है।

दुर्भाग्य से ब्लेज़ अक्सर बीमार रहता था, लेकिन उसका दिमाग कभी नहीं रुका। बिस्तर पर लेटे-लेटे भी वह पासों के खेल, कठिन पहेलियों और गणिती सवालों पर पत्र लिखता रहता। एक रात, एक डरावने घोड़ा-गाड़ी दुर्घटना के बाद, ब्लेज़ को गहरा आध्यात्मिक अनुभव हुआ। इसके बाद उसने अपने जीवन का बड़ा हिस्सा विश्वास, उम्मीद और ईश्वर के बारे में बड़े-बड़े सवालों पर लिखने में लगा दिया।

अपने अंतिम वर्षों में भी वह गणित से दूर नहीं रह पाया। उसने साइक्लॉइड नाम के एक खास आकार पर प्रतियोगिता रखी, और खुद उन सवालों को हल कर दिखाया जिन्हें बाकी लोग हल नहीं कर पा रहे थे।

ब्लेज़ पास्कल की मृत्यु तब हुई जब वह सिर्फ़ उनतालीस साल का था, लेकिन तब तक वह कई ज़िंदगियों का काम कर चुका था। उसने दिखाया कि जल्दी शुरू करना, जिज्ञासु बने रहना और विचारों का पीछा करना दुनिया को रोशन कर सकता है। चाहे तुम पूछ रहे हो, "कोण कितना है?" या "ज़िंदगी का मतलब क्या है?", ब्लेज़ ने साबित कर दिया कि बड़े सवाल पूछना शुरू करने के लिए उम्र कभी भी "बहुत कम" नहीं होती।

पियरे और मेरी क्यूरी: दो चमकते दिमागों की ताकत

पेरिस, फ्रांस में दो बहुत ही जिज्ञासु वैज्ञानिक रहते थे , पियरे और मेरी क्यूरी। ये कोई साधारण से लैब-कोट और चश्मा पहने वैज्ञानिक नहीं थे (ठीक है, लैब-कोट तो थे ही), ये थे सुपर-वैज्ञानिक! हैरत, हिम्मत और सीखने के प्यार से

भरे हुए। जब वे दोनों साथ काम करते, ऐसा लगता जैसे उनके दिमागों से सचमुच आइडिया की चमक निकल रही हो।

मेरी बहुत दूर, पोलैंड में पैदा हुई थी। उस समय लड़कियों को हमेशा वैसे स्कूल नहीं मिलते थे जैसे लड़कों को मिलते थे। लेकिन मेरी को पढ़ना-सीखना बेहद पसंद था। वह किताबों को खज़ाने के नक्शे की तरह पढ़ती थी। देर रात तक पढ़ती, और जितना भी पैसा बचा सकती, वह सीखने पर खर्च करती। आखिरकार उसने अपना सपना पूरा करने के लिए, वैज्ञानिक बनने के लिए, बहुत दूर पेरिस जाने का फैसला किया। उसे पता नहीं था कि वह वहाँ ऐसे इंसान से मिलने वाली है जो उसकी ज़िंदगी बदल देगा।

चित्र 13: मेरी और पियरे क्यूरी अपनी प्रयोगशाला में

पियरे एक शांत स्वभाव के सोचने वाले इंसान थे, जिन्हें लंबी सैरें और बड़े-बड़े विचार पसंद थे। वह पढ़ते थे कि चीज़ें कैसे चलती हैं और दुनिया ऐसे क्यों काम करती है जैसी करती है। वह बहुत होशियार थे। लेकिन उससे भी ज़्यादा, वे दयालु और विचारशील थे। जब पियरे की मुलाक़ात मेरी से हुई, तो उन्होंने तुरंत समझ लिया, "वाह। यह तो कमाल की दिमाग वाली है।"

और सोचो क्या? मेरी को भी लगा कि पियरे काफ़ी ज़्यादा होशियार हैं।

वे फूलों और चॉकलेट से प्यार में नहीं पड़े। नहीं! वे तो विज्ञान से प्यार में पड़े! वे तुरंत साथ काम करने लगे। उन्होंने अदृश्य सी चीज़ों का अध्ययन शुरू किया जिन्हें विकिरण (radiation) कहा जाता है, ऐसी सूक्ष्म कणों की ऊर्जा जो खास पत्थरों से निकलती है। उस समय लोग इसे समझते भी नहीं थे, लेकिन पियरे और मेरी ने ठान लिया था कि वे इसका राज़ जानकर ही रहेंगे।

वे एक ठंडी, धूल भरी झोंपड़ी जैसे शेड में काम करते थे। न कोई शानदार औज़ार, न बड़े-बड़े मशीनें। बस दिमाग, टीम-वर्क और ज़बरदस्त जिज्ञासा। घंटों के घंटों, दिन पर दिन वे पिसे हुए पत्थरों के बड़े-बड़े बर्तन हिलाते रहते, किसी नई चीज़ की तलाश में।

और फिर... उन्हें वह मिल ही गई।

पियरे और मेरी ने मिलकर दो बिलकुल नए तत्व खोज निकाले: पोलोनियम (जिसका नाम मेरी के वतन पोलैंड के नाम पर रखा गया) और रेडियम (जो अँधेरे में चमकता था!)। उन्होंने कुछ ऐसा खोज लिया था जो शक्तिशाली भी था, रहस्यमय भी, और पहले कभी किसी ने नहीं देखा था।

वे सिर्फ़ साथ-साथ काम ही नहीं करते थे; वे एक-दूसरे के विचार सुनते, मदद करते और एक-दूसरे को बेहतर बनाते थे। इसे ही कहते हैं *सिनर्जी*, जब एक प्लस एक मिलकर... सिर्फ़ दो नहीं, उससे कहीं ज़्यादा बन जाए!

1903 में पियरे और मेरी को साथ-साथ भौतिकी का नोबेल पुरस्कार मिला। उन्होंने इतिहास रचा, सिर्फ़ इसलिए नहीं कि उन्होंने क्या खोजा, बल्कि इसलिए भी कि *कैसे* खोजा, टीमवर्क, भरोसे और सीखने के साझा प्यार के साथ।

पियरे के निधन के बाद भी, मेरी ने काम करना, खोज करना और दूसरों को सिखाना नहीं छोड़ा। वह विज्ञान में दो नोबेल पुरस्कार पाने वाली दुनिया की पहली इंसान बनीं।

तो आखिर पियरे और मेरी इतने सफल क्यों हुए? हाँ, वे बहुत बुद्धिमान थे। मेहनती? बिल्कुल। लेकिन सबसे ज़्यादा अहम बात यह थी कि उन्होंने अपनी ताकतों को जोड़ दिया। वे एक-दूसरे की सुनते थे। एक-दूसरे को हिम्मत देते थे। वे मानते थे कि विज्ञान, और ज़िंदगी, दोनों ही तब ज़्यादा चमकते हैं जब लोग मिल-जुलकर काम करते हैं।

और बस, यही है *सिनर्जी* की असली ताकत।

आल्बर्ट आइंस्टाइन: जिज्ञासा से चलने वाला दिमाग

जब तुम ज़बरदस्त बिखरे हुए बाल, सपनीली मुस्कान, और कभी ख़त्म न होने वाले लाखों सवालों को मिलाते हो, तो तुम्हें कौन मिलता है? तुम्हें मिलते हैं आल्बर्ट आइंस्टाइन, वह लड़का जो सोचना बंद ही नहीं कर पाता था।

आल्बर्ट हमेशा "सबसे अच्छे" विद्यार्थी नहीं थे। उन्हें रटाई करना और चुपचाप बैठे रहना पसंद नहीं था। लेकिन उनके दिमाग के अंदर? वहाँ तो मेला लगा रहता था! उनका दिमाग किसी व्यस्त मधुमक्खी के छत्ते की तरह भनभनाता रहता था।

चित्र 14: चित्र 14: आल्बर्ट आइंस्टाइन समय के बारे में सोचते हुए

वह घंटों तक एक कम्पास को घूरते रहते और सोचते, "सुई हमेशा उत्तर की ओर ही क्यों इशारा करती है?"

वह खुद को रोशनी की किरण के साथ-साथ दौड़ता हुआ कल्पना करते।

वह ऐसे सवाल पूछते, "समय क्या है? क्या वह हमेशा एक जैसी रफ़्तार से चलता है?"

ज़्यादातर लोग तब रुक जाते जब सवाल बहुत बड़े और अजीब लगने लगते। लेकिन आल्बर्ट नहीं। उनकी जिज्ञासा उनकी उलझन से भी ज़्याद मज़बूत थी।

सिर्फ़ जवाब पढ़ लेने के बजाय, आल्बर्ट खुद विचारों का पीछा करते थे।

वह मज़ेदार बनाते थे, जैसे सपनों में किया गया विज्ञान, जिनके साथ गणित जुड़ा हो।

वह कल्पना करते कि अंतरिक्ष में उड़ी हुई रॉकेट पर घड़ियाँ लगी हों, खाली अंतरिक्ष में तैरती हुई लिफ्ट हो, और रोशनी टेनिस बॉल की तरह इधर-उधर उछलती हो। हर अजीब-सी लगने वाली कल्पना के साथ, वह इस बात के और क़रीब पहुँचते गए कि असल में ब्रह्मांड कैसे काम करता है।

इसी तरह उन्होंने आपेक्षिकता सिद्धांत बनाया। सापेक्षता का सिद्धांत विज्ञान की सबसे हैरान कर देने वाली सोचों में से एक है। इसने हमारी नज़र बदल दी, समय को देखने का तरीका, अंतरिक्ष को समझने का तरीका, यहाँ तक कि गुरुत्वाकर्षण को भी!

और यह सब शुरू हुआ सिर्फ़ एक छोटे से सवाल से: "अगर ऐसा हो तो...?"

आल्बर्ट महान इसलिए नहीं बने कि उनके पास हमेशा सही जवाब थे। वे महान इसलिए बने कि उन्होंने सवाल पूछना कभी बंद ही नहीं किया। बूढ़े होने पर भी, सफ़ेद बालों और दयालु आँखों के साथ, उन्होंने कहा था:

"मेरे पास कोई ख़ास प्रतिभा नहीं है। मैं तो बस बेहद जिज्ञासु हूँ।"

जिज्ञासा ही उनके दिमाग की ताकत थी ... उनके विचारों के लिए रॉकेट-फ़्यूल!

अगली बार जब तुम आसमान के तारे देखो, या घूमता हुआ लट्टू, या नहाते समय झाग का एक बुलबुला... तो एक सवाल पूछो। उसके जवाब का पीछा करो। अपनी हैरानी और जिज्ञासा को आगे चलने दो। क्योंकि कौन जाने ... तुम्हारा एक छोटा सा "क्यों?" पूरी दुनिया को रोशनी दिखा दे।

जेन गुडॉल: वह औरत जो जंगल के भीतर चली गई

कुछ लोग "सही समय" का इंतज़ार करते हैं।

कुछ लोग इंतज़ार करते हैं कि कोई उन्हें बताए क्या करना है।

जेन गुडॉल?

उसने अपनी नोटबुक उठाई, दूरबीन बैग में डाली, और सीधे जंगल की ओर चल पड़ी। यह कहानी है एक निडर औरत की, जिसने तय किया कि अपने सपने के लिए उसे किसी की इजाज़त की ज़रूरत नहीं है।

जेन एक जिज्ञासु छोटी लड़की थी जिसे जानवरों से दुनिया की किसी भी चीज़ से ज़्यादा प्यार था। वह टार्ज़न की कहानियाँ पढ़ती और खुद को जंगलों में रहने वाली खोजी लड़की के रूप में कल्पना करती।

वह केंचुए अपने बिस्तर में लेकर आती, बगीचे में चींटियों की कतारों को ध्यान से देखती, और एक बार तो अंडे कैसे निकलते हैं यह देखने के लिए मुर्गियों के दड़बे में घंटों छुपी रही!

चित्र 15: जेन गुडॉल और चिंपैंज़ी

जब दूसरे बच्चे अंतरिक्ष यात्री या बेकर बनने के सपने देखते थे, जेन चाहती थी कि वह जानवरों के बीच रहे और उनके रहस्य सीखे।

जेन किसी बहुत बड़े या शानदार साइंस स्कूल में नहीं गई। सच तो यह है कि लोगों ने उससे कहा, "तुम तो बस एक लड़की हो। तुम अफ्रीका नहीं जा सकती।" लेकिन जेन ने इंतज़ार नहीं किया। उसने मेहनत की, पैसे बचाए, और खुद ही एक जहाज़ पर बैठकर केन्या पहुँच गई।

वहाँ पहुँचकर उसकी मुलाक़ात एक मशहूर वैज्ञानिक से हुई, जिसने उसकी लगन देखी और उसे मौका दिया। बस, यहीं से उसकी असली यात्रा शुरू हुई। वह तंज़ानिया के घने जंगलों में चली गई, चिंपैंज़ियों का अध्ययन करने—पिंजरों में नहीं, बल्कि खुले जंगल में, जहाँ वे सचमुच रहते हैं।

जेन के पास कोई हाई-टेक मशीनें नहीं थीं। उसके पास था धैर्य, एक नोटबुक, और बहुत सारे पीनट-बटर सैंडविच।

वह घंटों-घंटों तक चुपचाप बैठी रहती, चिंपैंज़ियों को झूलते, खेलते, लड़ते और गले मिलते हुए देखती। धीरे-धीरे, चिंपैंज़ी उस पर भरोसा करने लगे।

और सोचो, जेन ने क्या-क्या अद्भुत बातें खोजीं:

- चिंपैंज़ी भी इंसानों की तरह औज़ार (टूल्स) इस्तेमाल करते हैं!
- वे भावनाएँ महसूस करते हैं—खुशी भी और उदासी भी।
- उनके अपने नाम, स्वभाव और परिवार होते हैं!

किसी ने पहले यह सब नहीं देखा था। लेकिन जेन ने देखा, क्योंकि वह वहाँ थी, देख रही थी, सोच रही थी, और सबसे ज़रूरी बात, कदम उठा रही थी।

जेन ने दुनिया से कहा, "मुझे रास्ता दिखाओ" का इंतज़ार नहीं किया। उसने अपना रास्ता खुद बनाया। वह *प्रोऐक्टिव* थी, यानी वह चीज़ों का होने का इंतज़ार नहीं करती थी, वह खुद चीज़ों को होने देती थी। उसने हमें दिखाया कि बहादुर

होने के लिए ऊँची आवाज़ की ज़रूरत नहीं होती। ज़रूरत होती है परवाह की, काम करने की, और बार-बार कोशिश करते रहने की।

आज भी जेन दुनिया भर में घूमती हैं, जानवरों की रक्षा करती हैं और बच्चों को सिखाती हैं कि वे भी बदलाव ला सकते हैं।

वह कहती हैं:

> *"हर एक व्यक्ति मायने रखता है। हर एक व्यक्ति की एक भूमिका होती है।"*

इसका मतलब है कि तुम भी जेन की तरह हो सकते हो। तुम जिज्ञासु हो सकते हो। तुम परवाह कर सकते हो। तुम कुछ बड़ा कर सकते हो, भले ही शुरुआत बहुत छोटी क्यों न लगे।

वर्नर फ़ॉन ब्राउन: वह लड़का जो रॉकेटों का सपना देखता था

जब वर्नर फ़ॉन ब्राउन छोटा था, वह सिर्फ़ तारों को *देखता* नहीं था, वह उन पर निशाना साधता था। जब बाकी बच्चे पतंग उड़ाने या छोटी गाड़ियाँ बनाने के सपने देखते थे, छोटा वर्नर आसमान की तरफ़ देखता और सोचता, "मैं वहाँ तक कैसे पहुँचूँ?"

चित्र 16: वर्नर फ़ॉन ब्राउन और उसका रॉकेट

यहीं से उसकी शुरुआत हुई, अंत को ध्यान में रखकर। उसका लक्ष्य सिर्फ़ रॉकेट बनाना नहीं था, बल्कि इंसानों को अंतरिक्ष तक पहुँचाना था।

वर्नर का जन्म 1912 में जर्मनी में हुआ। उसे अंतरिक्ष और विज्ञान-कथा की किताबें बहुत पसंद थीं। एक बार उसने सिर्फ़ यह देखने के लिए कि क्या होगा, पटाखे एक खिलौना गाड़ी पर बाँध दिए। (स्पॉइलर: गाड़ी तेज़ी से चली, पर बिल्कुल भी सुरक्षित नहीं थी!)

जैसे-जैसे वह बड़ा हुआ, वह और ज़्यादा पढ़ता, और ज़्यादा सीखता, और गति, रफ़्तार, गुरुत्वाकर्षण और ईंधन के बारे में ढेरों सवाल पूछता। वह सिर्फ़ खेल नहीं रहा था, वह योजना बना रहा था। हर आइडिया, हर ड्रॉइंग, हर रॉकेट की कोशिश उसके बड़े लक्ष्य की तरफ़ उठाया गया एक कदम था: अंतरिक्ष यात्रा।

वर्नर रातों-रात अंतरिक्ष वैज्ञानिक नहीं बन गया। उसने ऐसे रॉकेट बनाए जो काम ही नहीं करते थे। उसने ऐसे इंजन चलाए जो फट जाते थे। लेकिन उसने सीखना नहीं छोड़ा, सुधार करना नहीं छोड़ा, और आसमान की ओर देखना तो कभी नहीं छोड़ा।

आगे चलकर, द्वितीय विश्वयुद्ध के दौरान, वह जर्मनी के लिए रॉकेटों पर काम करने लगा। लेकिन युद्ध के बाद वह संयुक्त राज्य अमेरिका आ गया। उसके दिल में अभी भी वही पुराना सपना ज़िंदा था: इंसानों को अंतरिक्ष तक भेजना।

वर्नर ने नासा में काम शुरू किया, जहाँ उसने सैटर्न V रॉकेट के डिज़ाइन में मदद की, यह अब तक के सबसे बड़े और सबसे ताकतवर रॉकेटों में से एक था। यह सिर्फ़ उड़ा ही नहीं, यह अंतरिक्ष यात्रियों को सीधे चाँद तक ले गया!

1969 में, जब अपोलो 11 ने उड़ान भरी, वर्नर ने अपने सपने को सचमुच आसमान की तरफ़ उठते हुए देखा। क़दम दर क़दम, योजना दर योजना, उसने नामुमकिन को मुमकिन बना दिया। उसने अंत को ध्यान में रखकर शुरुआत की, और तब तक मेहनत करता रहा, जब तक वह अंत सच न हो गया।

वर्नर फ़ॉन ब्राउन ने एक बार कहा था:

"मैंने 'असंभव' शब्द का इस्तेमाल बहुत सावधानी से करना सीख लिया है।"

उसने एक दृश्य–एक विज़न से शुरुआत की, और फिर पीछे की ओर काम करते हुए सब कुछ बनाया, हमेशा अंतिम लक्ष्य को सामने रखकर। बड़े सपने ऐसे ही जन्म लेते हैं, और ऐसे ही सच होते हैं।

क्या तुम्हारे पास भी कोई सपना है? कुछ बनाने का? कुछ खोजने का? ऐसी जगह तक पहुँचने का जहाँ शायद अभी तक कोई नहीं पहुँचा?

तो फिर वही करो जो वर्नर ने किया:

1. उसे कल्पना में साफ़-साफ़ देखो (*अंत को ध्यान में रखकर शुरुआत करो*)
2. उसकी योजना बनाओ।
3. फिर उसे करके दिखाओ।

और तब तक मत रुकना, जब तक तुम्हारा अपना "रॉकेट" तारों तक न पहुँच जाए।

सी. वी. रमन: वैज्ञानिक जिसने विज्ञान को पहले रखा

भारत में एक लड़का था जिसे रोशनी से प्यार था। न ट्यूबलाइट से, न टॉर्च से। उसे तो *खुद* रोशनी से प्यार था ... पत्तों पर पड़ती धूप से, पानी पर झिलमिलाती चाँदनी से, और इस जादू से कि रोशनी कैसे उछलती, मुड़ती या अपना रंग बदल लेती है।

उस लड़के का नाम था चंद्रशेखर वेंकट रमन, लेकिन ज़्यादातर लोग उन्हें सी. वी. रमन के नाम से जानते हैं। आगे चलकर वे दुनिया के सबसे चमकदार वैज्ञानिकों में से एक बने। और वे वहाँ तक एक बहुत ज़रूरी आदत की वजह से पहुँचे: उन्होंने हमेशा *सबसे ज़रूरी चीज़ों को पहले* रखा।

जब रमन छोटे थे, वे बेहद तेज़ दिमाग के थे। उन्होंने स्कूल जल्दी ख़त्म कर लिया और टीनएजर रहते हुए ही कॉलेज पहुँच गए!

चित्र 17: मोमबत्ती की रोशनी में सी. वी. रमन

लेकिन रमन ने अपना समय सिर्फ़ दिखावा करने में नहीं गँवाया। जब दूसरे विद्यार्थी खेलते या झपकी लेते थे, रमन सीधा लाइब्रेरी पहुँच जाते। वह मज़े के लिए विज्ञान की पत्रिकाएँ पढ़ते थे और ऐसे अजीब-शानदार सवाल पूछते थे:

- आसमान नीला *दिखाई* क्यों देता है?
- जब रोशनी पानी से टकराती है तो क्या होता है?
- क्या रोशनी हमें अपने राज़ बता सकती है?

वे सिर्फ़ जिज्ञासु ही नहीं थे, वे *फोकस्ड* थे।

कॉलेज के बाद रमन ने सरकारी अफ़सर के रूप में नौकरी ली। काम बहुत था, ज़िम्मेदारियाँ भी। लेकिन सोचो क्या? उन्होंने विज्ञान करना नहीं छोड़ा।

वे अपने हर खाली पल का इस्तेमाल करते—दोपहर का खाना, शाम, छुट्टियाँ सबमें वे लैबों में जाते, प्रयोग करते और रिसर्च पेपर लिखते। रमन ने यह नहीं कहा, "मैं बहुत थक गया हूँ।" उन्होंने कहा, "यह मेरे लिए महत्वपूर्ण है।"

उन्हें पता था कि उनका सपना क्या है, और वे उसी के लिए समय निकालते रहे। यही होता है *सबसे ज़रूरी चीज़ों को पहले रखना।*

एक दिन, जहाज़ में सफ़र करते हुए, रमन ने देखा कि रोशनी समुद्र की सतह पर कैसे नाचती हुई-सी लग रही है। तब उनके दिमाग में सवाल उठा: जब रोशनी पानी के अंदर से गुज़रती है, तो *असल में* होता क्या है?

उन्होंने प्रयोग शुरू किए। धूप का इस्तेमाल किया, काँच की बोतलों का इस्तेमाल किया, और अपने शानदार दिमाग का भरपूर इस्तेमाल किया। और फिर — *धड़ाम!* — उन्होंने एक बिल्कुल नई चीज़ खोज ली: कुछ खास पदार्थों में से गुज़रते हुए रोशनी का रंग बदल जाता है।

इसे बाद में *रमण प्रभाव* कहा गया, और इसने वैज्ञानिकों के लिए रोशनी को समझने का तरीका हमेशा के लिए बदल दिया!

1930 में वे भौतिकी का नोबेल पुरस्कार जीतने वाले पहले एशियाई वैज्ञानिक बने। यह सब इसलिए क्योंकि वे हमेशा उसी पर ध्यान देते रहे जो सबसे ज़्यादा मायने रखता था।

रमन ने हर काम करने की कोशिश नहीं की। उन्होंने चुना कि क्या सबसे महत्वपूर्ण है और फिर उस पर अपना दिल और दिमाग दोनों लगा दिए।

तो अगली बार जब तुम सोच रहे हो कि "अब क्या करूँ?", ज़रा रमन की तरह सोचो:

- कार्टून देखने से पहले अपना होमवर्क पूरा करो।
- बड़े शो से पहले अपनी प्रतिभा (गाना, नृत्य, खेल, कुछ भी) की प्रैक्टिस कर लो।
- अपने सपनों का पीछा करो, एक-एक फोकस्ड कदम के साथ।

क्योंकि जब तुम सबसे ज़रूरी चीज़ों को पहले रखोगे, तुम्हारी रोशनी भी उतनी ही चमकेगी, जितनी सी. वी. रमन की चमकी थी।

जॉर्ज वाशिंगटन कार्वर: वैज्ञानिक जिसने अपनी रोशनी बाँटी

बहुत साल पहले, जॉर्ज नाम का एक लड़का था जिसे पौधों से दुनिया की हर चीज़ से ज़्यादा प्यार था। वह फूलों से बात करता, पत्तों को ध्यान से देखता, और सपने देखता कि एक दिन वह दुनिया को ज़्यादा हरी-भरी और बेहतर बना सकेगा।

वही लड़का बड़ा होकर जॉर्ज वाशिंगटन कार्वर बना — एक वैज्ञानिक, शिक्षक और आविष्कारक, जो मानता था कि जब हम दूसरों की मदद करते हैं, तो हम सब साथ मिलकर बढ़ते हैं।

चित्र 18: जॉर्ज वाशिंगटन कार्वर पढ़ाते हुए

जॉर्ज का जन्म गुलामी की स्थिति में हुआ था, लेकिन उसने इसे कभी अपनी मंज़िल के बीच रुकावट नहीं बनने दिया। उसने बहुत मेहनत की, जितना हो सके उतना पौधों और विज्ञान के बारे में सीखा। उसका विश्वास था कि ज्ञान एक तोहफ़ा है और असली तोहफ़ा तभी बनता है, जब उसे दूसरों के साथ बांटा जाए।

उसने मूँगफली के 300 से भी ज़्यादा उपयोग खोज निकाले सिर्फ़ पीनट बटर ही नहीं, बल्कि पेंट, गोंद और यहाँ तक कि रबर जैसी चीज़ों के लिए भी! लेकिन जॉर्ज ने अपनी ज़्यादातर खोजों का पेटेंट नहीं करवाया। क्यों? क्योंकि वह चाहता था कि हर कोई उनका फायदा उठा सके।

दक्षिणी अमेरिका में उस समय बहुत से किसान मुश्किल में थे। वे सालों से सिर्फ़ कपास उगा रहे थे, और मिट्टी थक चुकी थी। जॉर्ज ने उन्हें सिखाया कि वे मूँगफली और शकरकंद जैसी फसलें भी उगाएँ, जो मिट्टी को आराम देतीं, उसे फिर से ज़िंदा कर देतीं, और किसानों को बेचने के लिए नई फसलें भी मिल जातीं।

उसने एक चलती-फिरती कक्षा बनाई, जिसे "जेसप वैगन" (Jesup Wagon) कहा जाता था, यह एक मोबाइल क्लासरूम था, जो ज्ञान को सीधे किसानों के खेतों तक ले जाता था। जॉर्ज मानता था कि जब किसान सफल होंगे, तो पूरा समुदाय खिल उठेगा।

जॉर्ज ने एक बार कहा था,

> *"किसी के कपड़ों का अंदाज़, या वह कैसी कार चलाता है, या उसके बैंक में कितने पैसे हैं— इनसे कुछ नहीं मापा जाता। यह सब बेकार है। असली मापदंड सिर्फ़ सेवा है—कितना आपने दूसरों के लिए किया।"*

उसने दिखाया कि असली सफलता तब है जब आप दूसरों को भी सफल बनने में मदद करते हो।

- **अपना ज्ञान बाँटो:** जब तुम दूसरों को सिखाते हो, तो सब मिलकर और समझदार बनते हैं।
- **दूसरों के बारे में सोचो:** जब तुम कोई फैसला लो, तो सोचो कि इससे आसपास के लोगों पर क्या असर होगा।
- **साथ-साथ बढ़ो:** सफलता तब और मीठी लगती है जब वह सबके साथ बाँटी जाए।

तो, जॉर्ज की तरह बनो। दयालुता के बीज बोओ, उन्हें ज्ञान से सींचो, और देखो तुम्हारे आस-पास अच्छाई का एक सुंदर बगीचा उग आएगा।

बारबरा मैक्लिंटॉक: कॉर्न से बात करने वाली वैज्ञानिक

ज़्यादातर वैज्ञानिक माइक्रोस्कोप इस्तेमाल करते हैं। कुछ नोटबुक का सहारा लेते हैं। बारबरा मैक्लिंटॉक के पास एक और चीज़ थी *बहुत ज़्यादा धैर्य* वह पौधों को सिर्फ़ *देखती* नहीं थीं, मानो उन्हें *सुनती* भी थीं। और जो बातें मक्का ने उन्हें "बताईं"... उन्होंने हमारी जीन्स के बारे में सोचने का तरीका ही बदल दिया!

बारबरा का जन्म 1902 में हुआ, और उन्हें शुरू से ही पहेलियाँ सुलझाना पसंद था। उन्हें गुड़ियों या सुंदर कपड़ों में खास दिलचस्पी नहीं थी।

वह तो चीज़ों को खोलकर देखती थीं कि वे अंदर से कैसे काम करती हैं।

बड़ी होने पर उन्होंने विज्ञान की पढ़ाई चुनी, उस समय जब बहुत से लोग मानते थे कि लड़कियों को यह रास्ता नहीं चुनना चाहिए। लेकिन बारबरा ने इन बातों को अपने रास्ते की दीवार नहीं बनने दिया। उन्होंने अपनी जिज्ञासा का पीछा किया, सीधे खेतों तक... हाँ, *मक्का के खेतों तक।*

चित्र 19: *बारबरा मैक्लिंटॉक मक्का पर प्रयोग करती हुई*

बारबरा ने कई साल तक मक्का (कॉर्न) का अध्ययन किया। सिर्फ़ यह नहीं कि वह कैसे उगता है, बल्कि यह भी कि उसकी *जीन्स* कैसे काम करती हैं।

तुमने मक्का के दानों पर पड़े रंग-बिरंगे छोटे-छोटे धब्बे देखे हैं? वे सिर्फ़ सुंदर नहीं हैं, वे संकेत हैं, संकेत इस बात के कि जानकारी एक पौधे से दूसरे पौधे तक कैसे पहुँचती है।

बारबरा ने माइक्रोस्कोप से मक्का की कोशिकाओं के अंदर गहराई से झाँका और कुछ अजीब देखा... जीन्स हिल रहे थे! वे एक जगह से दूसरी जगह *कूद* रहे थे। इससे पहले किसी ने ऐसा कभी नहीं देखा था।

जब बारबरा ने बाकी वैज्ञानिकों को बताया, तो उन्होंने कहा, "जीन्स तो कूद ही नहीं सकते! यह तो बिल्कुल अजीब बात है!" लेकिन बारबरा न तो गुस्सा हुईं, न चिल्लाईं, न ही हार मान ली।

उन्होंने बस अपने मक्का को सुनना जारी रखा अपने डेटा को, अपने प्रयोगों को, और *सच* को।

वह पहले समझना चाहती थीं, ज़रूरी नहीं था कि लोग उन्हें तुरंत समझ ही जाएँ। और समय के साथ, दुनिया धीरे-धीरे उनकी बात तक पहुँच गई।

कई साल बाद, वैज्ञानिकों ने माना कि बारबरा शुरू से ही सही थीं। उनकी "कूदती हुई जीन्स" (जिन्हें *ट्रांसपोसॉन*/ *transposons* कहा जाता है) की खोज ने यह समझाने में मदद की कि जीन्स कैसे बदलती हैं, ढलती हैं और नई परिस्थितियों के अनुसार खुद को एडजस्ट करती हैं। 1983 में, बहुत समय बाद, उन्हें फिज़ियोलॉजी या मेडिसिन का नोबेल पुरस्कार मिला!

बारबरा ने जल्दीबाज़ी नहीं की। उन्होंने ध्यान खींचने के लिए शोर नहीं मचाया। उन्होंने धैर्य से देखा, सुना, लिखा, और प्रकृति को अपना शिक्षक बना लिया।

तो अगली बार जब तुम किसी बात को लेकर जिज्ञासु हो:

- ध्यान से *देखो*
- दिलचस्प सवाल *पूछो*
- पहले *सुनो*, फिर *बोलो*

क्योंकि कई बार, सबसे धैर्यवान दिमाग ही सबसे बड़ी खोजें करते हैं।

अल्बर्ट श्वाइट्सर: वह इंसान जो हर चीज़ की परवाह करता था (खुद की भी!)

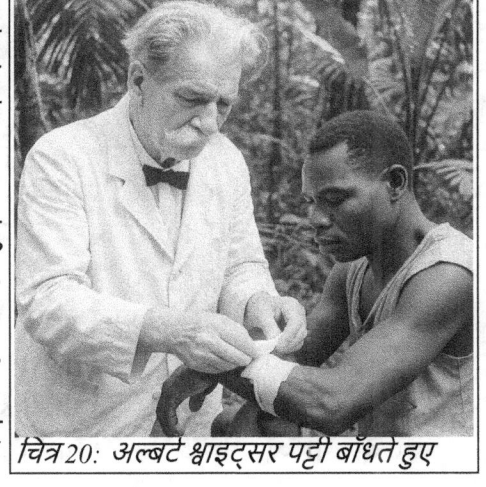

चित्र 20: अल्बर्ट श्वाइट्सर पट्टी बाँधते हुए

फ्रांस के एक छोटे से कस्बे केज़र्सबर्ग में एक बच्चा पैदा हुआ, जो बड़ा होकर दुनिया की मदद भी करने वाला था... और खुद की भी। उसका नाम था, अल्बर्ट श्वाइट्सर (ऐसे बोलो: श्वाइट-सिर)।

अल्बर्ट बचपन से ही बहुत जिज्ञासु था। उसका दिमाग स्पंज की तरह था, जो भी सीखता, जैसे तुरंत सोख लेता। वह ऐसे सवाल पूछता था, "हम जीते ही क्यों हैं?"

"मैं लोगों की मदद कैसे कर सकता हूँ?"

वह किताबें पढ़ता, संगीत सीखता, और इतना शानदार पाइप ऑर्गन बजाना सीख गया कि अगर पेड़ों पर बैठे पंछियों ने सुना होता, तो शायद वे भी झूमकर नाचने लगते!

अल्बर्ट को सीखना इतना पसंद था कि उसने सिर्फ़ एक नहीं, न दो... बल्कि *तीन-तीन* कॉलेज की डिग्रियाँ हासिल कीं, दर्शनशास्त्र, संगीत और धर्मशास्त्र (यानी ईश्वर और आध्यात्मिक बातों का अध्ययन)।

फिर, 30 साल की उम्र में, उसने कुछ बिल्कुल ज़बरदस्त किया: वह *फिर से* पढ़ने बैठ गया, इस बार डॉक्टर बनने के लिए!

उसने कहा, "अगर मुझे दुनिया की मदद करनी है, तो मुझे लोगों को ठीक करना भी सीखना होगा।"

तो उसने दिमाग को और मज़बूत करने के लिए मेडिसिन (चिकित्सा) की पढ़ाई शुरू कर दी!

अफ्रीका में डॉक्टर होना आसान नहीं था। अल्बर्ट ने जंगल के बीच में एक अस्पताल बनाया, जहाँ उसने हज़ारों लोगों की मदद की।

वह खुद पानी भरता, लकड़ियाँ काटता, और पूरा दिन मरीज़ों की देखभाल करता। लेकिन इसके साथ-साथ, वह खुद का भी ख्याल रखता था, वह अच्छा खाना खाता, जब भी मौका मिलता आराम करता, और पूरे दिन झुककर काम करने के बाद अपनी पीठ सीधी करके स्ट्रेच करता।

वह मानता था कि अगर वह अपने शरीर का ध्यान रखेगा, तो वह दूसरे लोगों का और भी अच्छे से ख़्याल रख पाएगा।

अल्बर्ट एक खास बात पर विश्वास करता था, जिसे वह कहता था *"रेवरेन्स फॉर लाइफ़"* यानी हर तरह के जीवन के लिए सम्मान और देखभाल। इंसान, जानवर, यहाँ तक कि छोटी-सी कीड़ा-मकौड़ी भी!

वह हर किसी से दयालुता से पेश आता था चाहे वे कहीं से भी हों, चाहे कितने ही गरीब क्यों न हों। उसका दिल उसके आस-पास के जंगल जितना बड़ा था।

जब चीज़ें बहुत तनाव भरी हो जातीं (और ऐसा अक्सर होता था!), तब अल्बर्ट ऑर्गन बजाता, खासकर बाख (Bach) का संगीत, और सुरों को अपने मन को ऊपर, बहुत ऊपर ले जाने देता।

वह प्रार्थना भी करता, और दया, शांति और भलाई के बारे में किताबें लिखता। वह मानता था कि दूसरों की मदद करना, अंदर से खुशी महसूस करने का सबसे अच्छा तरीका है।

तो हम डॉ. अल्बर्ट श्वाइट्सर से क्या सीख सकते हैं?

कि दुनिया की मदद करने का सबसे अच्छा तरीका है, खुद से शुरुआत करना।

अपना दिमाग सीखने से संभालो,अपने शरीर का ख्याल हरकत और आराम से रखो, अपने दिल को दयालुता से भर दो, र अपनी आत्मा को शांति से।

फिर देखना, अल्बर्ट की तरह तुम भी *पूरा का पूरा "तुम"* लेकर दुनिया बदलने के लिए तैयार हो जाओगे!

लियोनार्डो दा विंची: वैज्ञानिक जिसने अपने सपनों को रेखाचित्रों में उकेरा

इटली के विंची नाम के एक छोटे से कस्बे में एक ऐसा लड़का पैदा हुआ जो ड्रॉइंग करना, चीज़ें बनाना, सोचना और सवाल पूछना कभी बंद ही नहीं करता

था। उसका नाम था लियोनार्डो — और सच में, उसका दिमाग हमेशा व्यस्त रहता था!

ज़्यादातर लोग लियोनार्डो दा विंची को मोना लिसा की रहस्यमय मुस्कान वाली पेंटिंग या *द लास्ट सपर* की पेंटिंग से जानते हैं, जहाँ बारह मेहमान हैरान होकर खाने की मेज़ पर बैठे हैं। लेकिन क्या तुम जानते हो कि वह एक ज़बरदस्त वैज्ञानिक भी था, जिसके दिमाग में हद से ज़्यादा रचनात्मक आइडिया आते थे? वह सिर्फ़ "डिब्बे के बाहर" नहीं सोचता था — वह तो एक नया, बेहतर डिब्बा *खींचता*, उसे हेलिकॉप्टर में बदल देता, और कल्पना करता कि उससे चाँद तक उड़कर चला गया है!

चित्र 21: लियोनार्डो दा विंची और उसका हेलिकॉप्टर

लियोनार्डो ने किसी शानदार स्कूल में जाकर लैब में विज्ञान नहीं सीखा। उसने सीखा *देखकर*, पक्षियों को, फूलों को, नदियों को, यहाँ तक कि कुलबुलाते कीड़ों को भी।

उसने एक के बाद एक नोटबुक भर दी, मांसपेशियों, मशीनों, हड्डियों, बुलबुलों और चमगादड़ों की ड्रॉइंग से। वह देखता कि पानी कैसे बहता है, लोग कैसे चलते हैं, और सब कुछ अंदर से कैसा दिखता होगा। उसे *सब कुछ* जानना था!

वह पूछता था:

एक पक्षी अपने पंख कैसे फड़फड़ाता है?

क्या मैं ऐसी मशीन बना सकता हूँ जो उड़ सके?

इंसानी शरीर के अंदर क्या है?

लियोनार्डो ने ऐसे-ऐसे मशीनों के बारे में सोचा जो उस समय दुनिया में थीं ही नहीं:

- एक हेलिकॉप्टर, जो उड़ती हुई पेंच (स्क्रू) जैसा दिखता था
- एक पैराशूट, जो पिरामिड की तरह आकार का था
- एक रोबोटिक योद्धा (नाइट), जो बैठ सकता था और हाथ हिलाकर "हाय" कह सकता था
- एक डाइविंग सूट, जिससे पानी के अंदर खोज की जा सके

क्या ये सब सचमुच पूरी तरह काम करते थे? हमेशा नहीं! लेकिन लियोनार्डो को इससे कोई दिक्कत नहीं थी। वह मानता था कि कल्पना करना ही आविष्कार

की *पहली सीढ़ी* है। और उसके ये आइडिया सैकड़ों साल बाद तक वैज्ञानिकों को प्रेरणा देते रहे।

लियोनार्डो हर चीज़ के बारे में जिज्ञासु था। उसने पढ़ा और देखा:

• **एनाटॉमी (शरीर की बनावट)** – त्वचा के नीचे मांसपेशियाँ कैसी दिखती हैं, उनकी ड्रॉइंग बनाकर

• **खगोल विज्ञान** – चाँद की चमक और उसके धब्बों की स्केच बनाकर

• **इंजीनियरिंग** – पुल और पानी उठाने वाली मशीनें डिज़ाइन करके

• **वनस्पति विज्ञान** – यह देखकर कि पत्ते किस तरह सर्पिल पैटर्न में उगते हैं

इतना ही नहीं, वह अपनी नोट्स *उल्टा* लिखता था, दर्पण में दिखने वाली लिखावट की तरह, यानी मिरर-राइटिंग में! कुछ लोग कहते हैं कि वह अपने आइडिया सीक्रेट रखना चाहता था, तो कुछ कहते हैं कि उसे बस मुश्किल काम करने का शौक था।

लियोनार्डो दा विंची हमें दिखाता है कि विज्ञान सिर्फ़ नियमों के बारे में नहीं है। यह कल्पना के बारे में भी है। वह ग़लत होने से नहीं डरता था, बड़े सपने देखने से नहीं डरता था, और कला और विज्ञान को एक ही पैलेट पर रंगों की तरह मिलाकर देखता था।

तो अगर तुमने कभी ब्लॉकों से कोई ऊँचा टॉवर बनाया हो, कागज़ पर रॉकेट जहाज़ की तस्वीर खींची हो, या “अगर ऐसा हो जाए तो...?” जैसा सवाल पूछा हो, तो बधाई हो! तुम लियोनार्डो की तरह सोच रहे हो। और क्या पता, एक दिन तुम्हारी ही कोई छोटी-सी डूडल, पूरी दुनिया बदल दे।

फ़्लॉरेन्स नाइटिंगेल: नर्स जिसने सब कुछ देख लिया

कभी बहुत पहले, मोमबत्तियों की हल्की रोशनी वाले ज़माने में, एक लड़की रहती थी जिसका नाम था फ़्लॉरेन्स नाइटिंगेल। उसका जन्म 1820 में इटली के शहर फ़्लॉरेन्स में हुआ था (इसीलिए उसका नाम फ़्लॉरेन्स पड़ा!)। वह इंग्लैंड में बड़ी हुई , एक जिज्ञासु दिमाग और दयालु दिल के साथ। लेकिन उसके पास एक ख़ास सुपरपावर थी, जो उसे सबसे अलग बनाती थी: वह *नज़र रखती थी*। छोटी-छोटी बातें। ज़रूरी बातें। ऐसी बातें, जिन्हें कोई और नोटिस ही नहीं करता था।

फ़्लॉरेन्स के पास वैज्ञानिक की आँखें थीं और सुपरहीरो का दिल। बाकी लोग बस इधर-उधर *देखते* थे, वह सच में *ध्यान से देखती* थी। और यही बात सारी दुनिया बदल देने वाली थी।

बचपन से ही फ़्लॉरेन्स हर चीज़ पर ध्यान देती थी: पेड़-पौधे कैसे बढ़ते हैं, जानवर कैसे बर्ताव करते हैं, और लोग कैसा महसूस करते हैं। वह ऐसे सवाल पूछती थी:

यह ऐसा क्यों होता है?
इसमें क्या पैटर्न है?
इसे बेहतर कैसे बनाया जा सकता है?

उसका परिवार चाहता था कि वह पार्टियों में जाए, सुंदर कपड़े पहने और आराम से राजकुमारी जैसी ज़िंदगी जिए। लेकिन फ़्लॉरेन्स कुछ और चाहती थी। वह लोगों की मदद करना चाहती थी, और अपनी "ध्यान से देखने" वाली ताकत से जानें बचाना चाहती थी।

चित्र 22: फ़्लॉरेन्स नाइटिंगेल पाई चार्ट दिखाते हुए

जब क्रीमियन युद्ध शुरू हुआ, तो फ़्लॉरेन्स नर्स बनकर घायल सैनिकों की मदद के लिए निकल पड़ी। लेकिन जब वह अस्पताल पहुँची, तो उसने एक भयंकर नज़ारा देखा:

- फर्श गंदगी से भरे हुए थे।
- बिस्तर इतने ठुँसे हुए थे कि हिलने की जगह भी नहीं थी।
- पानी गंदा था।
- और सबसे बुरी बात? लड़ाई के घावों से कम, और बीमारियों से ज़्यादा सैनिक मर रहे थे!

अधिकतर लोगों को समझ ही नहीं आ रहा था कि ऐसा क्यों हो रहा है। लेकिन फ़्लॉरेन्स ने *देखना* शुरू किया। उसने गिनती की। उसने सुना। उसने मापा। उसने हर चीज़ का रिकॉर्ड रखा।

और उसने क्या खोजा? कि गंदी सफ़ाई — जैसे गंदे हाथ, गंदे औज़ार और गंदे अस्पताल — लोगों को और ज़्यादा बीमार बना रहे थे!

फ़्लॉरेन्स ने बस अंदाज़ा नहीं लगाया, उसने *डेटा इकट्ठा किया।* उसने चार्ट बनाए, यहाँ तक कि ऐसे रंगीन पाई-चार्ट भी बनाए जो फूलों जैसे दिखते थे! इन खूबसूरत डायग्राम्स ने ब्रिटिश सरकार को साफ़-साफ़ दिखाया कि कहाँ गलती हो रही है।

वह बोली, "देखिए! साफ़-सुथरे अस्पताल जानें बचाते हैं!" और सोचो क्या, लोगों ने उसकी बात *सुनी।*

इंग्लैंड और दूसरे देशों के अस्पताल साफ़ और सुरक्षित बनने लगे, सिर्फ़ इसलिए कि एक औरत ने वो देख लिया, जिसे बाकी सबने नज़रअंदाज़ कर दिया था।

रात में फ़्लॉरेन्स हाथ में लालटेन लेकर अस्पताल के गलियारों में चलती, हर मरीज़ को देखने जाती। सैनिक उसे प्यार से कहते थे, **"लेडी विद द लैंप"**, यानी **"दीपक वाली लेडी।"**

लेकिन वह सिर्फ़ दीपक वाली लेडी नहीं थी। वह वह लेडी थी, जो ध्यान से देखती थी, लिखती थी, डेटा जुटाती थी, और अपनी एक-एक सावधान नोट से पूरी दुनिया बदल रही थी।

ध्यान देना, वास्तव में अपने आसपास को *देखना*, एक सुपरपावर है। इसके लिए तुम्हें लैब कोट या माइक्रोस्कोप की ज़रूरत नहीं। बस जिज्ञासु रहो, ध्यान से देखो, और सवाल पूछना कभी मत छोड़ो।

क्योंकि कौन जानता है, अगली बड़ी खोज तुम्हारे दिमाग से निकले, अगर तुमने बस इतना किया... कि थोड़ा और ध्यान से *देखा।*

कार्ल सागन: सितारों को निहारने वाला, जो होशियारी से सवाल पूछता था

एक टिमटिमाती रात, तारों से भरे आसमान के नीचे, कार्ल सागन नाम का एक लड़का ऊपर देखता और सोचता था:

"ये आसमान में चमकती रोशनियाँ हैं क्या?"

"क्या धरती जैसे और भी ग्रह हैं?"

"क्या कहीं कोई हमें हाथ हिलाकर जवाब दे रहा होगा?"

कार्ल सिर्फ़ सपने ही नहीं देखता था, वह *सोचता* भी था। वह सिर्फ़ भरोसा नहीं करता था, वह *सवाल* पूछता था। वह बस अंदाज़ा नहीं

चित्र 23: कार्ल सागन सवालों के बारे में सोचते हुए

लगाता था, वह *सच को परखने वाला दिमाग* इस्तेमाल करता था, ताकि ब्रह्मांड के सबसे बड़े रहस्यों को समझ सके!

कार्ल का जन्म 1934 में ब्रुकलिन, न्यूयॉर्क में हुआ। उसे कॉमिक बुक्स, डायनासोर और साइंस फिक्शन बहुत पसंद थे। लेकिन बचपन से ही वह ऐसे चालाक सवाल पूछता था:

"हम कैसे जानें कि एलियन सच में हैं?"

"क्या तारे भी मर सकते हैं?"

“लोग बिना सबूत के अजीब बातों पर यक़ीन क्यों कर लेते हैं?”

वह किसी बात पर सिर्फ़ इसलिए भरोसा नहीं करता था कि “किसी ने कह दिया।” कार्ल को *सबूत* चाहिए होता था। हर जवाब के पीछे असली वजह जाननी होती थी।

इसे कहते हैं *क्रिटिकल थिंकिंग* – यानी रुककर सोचना, तथ्यों की जाँच करना, और फिर अपना फैसला करना। ये एक तरह की दिमाग़ी सुपरपावर है।

जैसे-जैसे कार्ल बड़ा होता गया, उसके सवाल भी बड़े होते गए। वह एक वैज्ञानिक बना, जो ब्रह्मांड का अध्ययन करता था। उसने उन अंतरिक्ष यानों पर काम किया जो ग्रहों की खोज करने निकले थे। यहाँ तक कि उसने वॉयेजर (Voyager) स्पेसशिप पर एक **सोने का रिकॉर्ड** लगवाने में मदद की, जिस पर धरती का संदेश दर्ज था, किसी भी एलियन के लिए जो उसे कभी पा सके!

लेकिन कार्ल ने सिर्फ़ अंतरिक्ष *पढ़ा* ही नहीं, उसने पूरी दुनिया को ऐसे समझाया कि लोग बोले, “वाह!” “अहा!” “मैंने कभी ऐसे सोचा ही नहीं था!”

उसका टी.वी. शो **Cosmos** लाखों लोगों को गैलेक्सी, ब्लैक होल और छोटे--छोटे एटम की सैर पर ले गया, सिर्फ़ एक चीज़ की ताकत पर: ध्यान से सोचने की।

“बैलोनी डिटेक्टर” – बेकार बातों को पकड़ने वाला दिमाग़ी किट

कार्ल मानता था कि हमें कभी भी बिना जाँचे-परखेफालतू या झूठी बातों पर यक़ीन नहीं करना चाहिए। उसने एक तरह का नियमों का सेट बनाया, जिसे वह अपना **“Baloney Detector Kit”** कहता था। यह कोई असली मशीन नहीं थी (अफसोस, इसमें न लाइट जलती थी, न बीप–बीप होती थी), पर यह तुम्हारे दिमाग के लिए एक टूलकिट थी — जो खराब तर्क और चालाकी भरी बातों को पकड़ने में मदद करती थी। इस किट के कुछ “टूल” थे:

- **सबूत माँगो** सिर्फ़ इसलिए मत मान लो कि कोई बात “कूल” या रोमांचक लग रही है। हमेशा पूछो: “सबूत कहाँ है?”
- **बार-बार वही नतीजा?** अगर बात सच है, तो बार-बार आज़माने पर भी लगभग वही नतीजा आना चाहिए। पूछो: “क्या कोई और भी करके वही परिणाम पा सकता है?”
- **स्रोत की जाँच** यह बात किसने कही? क्या वह भरोसेमंद है? या बस अंदाज़े से बोल रहा है?
- **तर्क से सोचो** दो चीज़ें साथ-साथ हो रही हैं, इसका मतलब यह नहीं कि एक ने दूसरी को *कराया* है। (गर्मी में आइसक्रीम की बिक्री भी बढ़ती है और सनबर्न भी — लेकिन आइसक्रीम सनबर्न *नहीं* कराती!)

- **दोनों पक्ष सुनो** किसी भी आइडिया के हक में, और उसके ख़िलाफ़, दोनों तरह की बातें सुनो। फिर सोचो, किसके पास ज़्यादा मजबूत कारण हैं।
- **चालों से सावधान रहो** ज़्यादा भावनात्मक भाषा, चमकदार विज्ञापन, या "सब जानते हैं कि ये सच है!" जैसी लाइनें, ये सब *सबूत* नहीं होते, बस ध्यान भटकाने के तरीके होते हैं।
- **जादुई सोच से बचो** सिर्फ़ इसलिए कि कुछ समझ में नहीं आ रहा, इसका मतलब यह नहीं कि "जादू" हुआ है। हो सकता है कि विज्ञान ने अभी उसका जवाब न दिया हो, *अभी तक*।

कार्ल सागन हमें याद दिलाते हैं कि ब्रह्मांड बहुत विशाल, बहुत सुंदर है — और उसे समझा जा सकता है — लेकिन तभी, जब हम अच्छे सवाल पूछें और सच्चे जवाब खोजें। उन्होंने कहा था:

"असाधारण दावे के लिए असाधारण सबूत चाहिए।"

यानी अगर कोई बात बहुत बड़ी है, तो उसके लिए बहुत मजबूत सबूत भी होना चाहिए।

उन्होंने हमें सिखाया कि सवाल पूछना बहुत अच्छा है, लेकिन साफ़-साफ़, होशियारी से *सोचना* उससे भी ज़्यादा है। विज्ञान सिर्फ़ टेलिस्कोप और रॉकेट के बारे में नहीं है। यह उस सवाल के बारे में है: *"क्यों?"* और जब तुम्हारे दिल में जिज्ञासा हो, और दिमाग में साफ़ सोचने की ताकत, तब तुम भी सितारों तक हाथ बढ़ा सकते हो... और शायद, एक दिन उन्हें *छू* भी लो।

गैलीलियो गैलिली: आसमान निहारने वाला जिसने अपना मन खोल दिया

बहुत समय पहले, पिज़्ज़ा, पास्ता और शानदार विचारों की धरती — इटली में — 1564 में एक लड़का पैदा हुआ। उसका नाम था गैलीलियो गैलिली। वह शुरू से ही जिज्ञासु था। वह हमेशा कुछ न कुछ टटोलता, परखता और सवाल पूछता रहता:

चीज़ें नीचे ही क्यों गिरती हैं?

आसमान में सच में है क्या?

और अगर... सब लोग गलत हों तो?

गैलीलियो अजीब या नए जवाबों से नहीं डरता था। उसे तो यह कहने में भी खुशी होती थी:

"आओ, खुले दिमाग से फिर से देखें!"

एक दिन गैलीलियो ने नीदरलैंड से आई एक नई चीज़ के बारे में सुना — एक *जादूई सा चश्मा* (स्पाईग्लास) जो दूर की चीज़ों को पास दिखा सकता था।

गैलीलियो ने बस इतना नहीं कहा, "वाह, क्या खिलौना है!" नहीं! उसने खुद अपनी दूरबीन बनाई, उसे आसमान की ओर मोड़ा, और फिर जो देखा… उसने लोगों की सोच हिला कर रख दी।

उसने देखा:

चित्र 24: *गैलीलियो गैलिली और उनकी दूरबीन*

- चाँद पर पहाड़ हैं। *(रुको… चाँद तो बिलकुल चिकना होना चाहिए था, है न?)*
- बृहस्पति के चारों ओर घूमते चाँद। *(मतलब, सब कुछ पृथ्वी के इर्द-गिर्द ही नहीं घूमता!)*
- शुक्र की अलग-अलग कलाएँ, *(चाँद जैसी, लेकिन फिर भी कुछ अलग… हम्म…)*

ये सब उन पुराने विचारों से बिलकुल मेल नहीं खाते थे, जिनमें कहा जाता था कि ब्रह्मांड का केंद्र पृथ्वी है और सब कुछ उसके चारों ओर घूमता है। लेकिन गैलीलियो घबरा नहीं गया, न ही उसने अपनी आँखों पर शक किया। उसने कहा:

"शायद हमें नया विचार चाहिए। शायद पृथ्वी ही सूरज के चारों ओर घूमती है!"

यह कहने के लिए बहुत हिम्मत चाहिए — और बहुत खुला दिमाग भी।

बहुत से लोग नाराज़ हो गए। वे चिल्लाए, "पृथ्वी हिल ही नहीं सकती! यह तो असंभव है!" लेकिन गैलीलियो बदतमीज़ या जिद्दी बनने की कोशिश नहीं कर रहा था। वह बस *जिज्ञासु* था। वह सही साबित होना नहीं चाहता था, वह *सच समझना* चाहता था, कि चीज़ें वास्तव में कैसे काम करती हैं।

यहाँ तक कि जब ताकतवर लोगों ने उसे चुप रहने को कहा, तब भी गैलीलियो मन ही मन तारों से कहता रहा:

"मैं अभी भी सुन रहा हूँ…"

वह मानता था कि विज्ञान का मतलब है, जब तुम्हें नया सबूत मिले, तो ज़रूरत पड़े तो अपना विचार बदल लेना। यह कायरता नहीं, यह तो समझदारी है।

क्योंकि गैलीलियो ने अपने दूरबीन से जो देखा, उसके लिए अपना दिमाग खुला रखा, इसी वजह से उसने विज्ञान की एक नई राह शुरू की, जहाँ हम बिना डरे देखते हैं, सोचते हैं, और सवाल पूछते हैं।

उसने कहा था:

"सारी सच्चाइयाँ आसान हो जाती हैं, जब वे खोज ली जाती हैं। असल बात है उन्हें खोजा जाए।"

यानी, जब तुम तैयार हो *चौंकने* के लिए, तो सच्चाई खुद सामने आने लगती है। खुले दिमाग का मतलब है बहादुर होना, कभी-कभी यह मानने की हिम्मत रखना कि "शायद मैं गलत हूँ," और यह जगह छोड़ देना कि "शायद यह सच हो सकता है।"

तो अगली बार जब तुम्हें कोई अजीब-सा विचार सुनाई दे, या तुम कुछ नया और अनोखा देखो, तो तुरंत मत कहो, "यह तो नामुमकिन है!"

गैलीलियो की तरह बनो। अपनी नज़रें उठाओ, अपना मन खोलो... और ब्रह्मांड को तुम्हें कुछ अद्भुत सिखाने दो।

ग्रेगर मेंडेल: धैर्य वाला मटर-चुनने वाला वैज्ञानिक

बहुत समय पहले, आज के चेक गणराज्य के एक शांत से कोने में ग्रेगर मेंडेल नाम का एक व्यक्ति रहता था। वह न लैब कोट पहनता था, न रॉकेट उड़ा रहा था। नहीं, वह तो साधु (मोंक) का वस्त्र पहनता था और बगीचे में काम करता था। लेकिन धोखा मत खाओ, ग्रेगर मेंडेल दुनिया के सबसे महत्वपूर्ण वैज्ञानिकों में से एक था। और जानते हो उसकी सुपरपावर क्या थी?

धैर्य।

मेंडेल ने न रॉकेट बनाए, न लेज़र। उसने क्या लगाया? *मटर के पौधे।* हरी

चित्र 25: ग्रेगर मेंडेल और उनकी मटर

मटर, सिकुड़ी हुई मटर, गोल मटर, पीली मटर... मटर पर मटर पर मटर! जहाँ ज़्यादातर लोग ऊब जाते, मेंडेल शांत रहता। वह देखता, इंतज़ार करता, गिनता... और फिर और मटर लगा देता।

उसने यह काम पूरे आठ साल तक किया। यानी लगभग जितनी उम्र तुम्हारी अभी है!

वह यह जानने के लिए बहुत उत्सुक था कि कुछ मटर गोल क्यों हैं और कुछ सिकुड़ी हुई, कुछ पीली क्यों हैं और कुछ हरी।

इसलिए उसने बहुत संभलकर अलग-अलग मटर के पौधों का परागण किया और ध्यान से देखा कि अगली पीढ़ी में क्या होता है।

वह चार्ट बनाता, नोट्स लिखता, फिर और चार्ट बनाता। वह तो जैसे अकेला ही "मटर जासूस" बन गया था! और उसने क्या खोजा?

विरासत के नियम! यानी वो नियम जिनसे पता चलता है कि गुण (traits) माता-पिता से बच्चों तक कैसे पहुँचते हैं, या मटर के पौधों से नन्हे मटर के पौधों तक।

मेंडेल ने ऐसे पैटर्न देखे जिन्हें किसी ने पहले कभी नोटिस ही नहीं किया था। उसका काम आज जिस चीज़ को हम जेनेटिक्सकहते हैं, उसकी पहली सीढ़ी था। लेकिन सोचो जरा... जब उसने अपनी खोज दुनिया को बताई तो क्या हुआ?

किसी ने परवाह ही नहीं की। एक भी "वाह!" नहीं। एक भी "शाबाश, मेंडेल!" नहीं। उसकी खोज लगभग तीस साल तक चुपचाप छुपी रही।

तो क्या मेंडेल ने मुँह फुला लिया? क्या उसने गुस्से में आकर अपने मटर के पौधों को रौंद दिया? नहीं। वह बस पहले की तरह दयालु, जिज्ञासु और धैर्यवान बना रहा। आख़िरकार, दुनिया उसकी सोच तक पहुँची। वैज्ञानिकों ने समझा कि मेंडेल ने कितनी बड़ी खोज की थी।

आज हर विज्ञान की किताब में ग्रेगर मेंडेल और उसकी अद्भुत मटर के बारे में लिखा जाता है। तो अगली बार जब तुम किसी मुश्किल पहेली में फँसे हो, या अपनी बारी का इंतज़ार कर रहे हो, तो ग्रेगर को याद करना,

वह धैर्यवान मटर-चुनने वाला, वह साधु जिसने राज़ों से भरा बगीचा उगाया, और वह इंसान जिसने साबित किया कि कभी-कभी सबसे बड़ी खोजें धीरे-धीरे, धीरे-धीरे... उगती हैं।

रोसलिंड फ्रैंकलिन: पहेली सुलझाने वाली साझेदार

लंदन के चमकते-दमकते शहर में एक लड़की पैदा हुई, जिसे पहेलियाँ बहुत पसंद थीं। जिगसॉ वाली पहेलियाँ ही नहीं (हालाँकि वे भी शायद उसे अच्छी लगती हों), बल्कि उन पहेलियों से भी ज़्यादा मुश्किल, परमाणुओं, छायाओं और रोशनी से बनी पहेलियाँ।

रोसलिंड ध्यान खींचने के लिए न तो चिल्लाती थीं, न पैर पटकती थीं। वह अपनी *मेहनत* को बोलने देती थीं। उन्होंने भौतिकी और रसायन विज्ञान जैसी दुनिया की दो सबसे कठिन पढ़ाइयाँ चुनीं। फिर उन्हें कुछ जादू जैसा पता चला:

एक ख़ास तरह के कैमरे, जिसे एक्स-रे क्रिस्टलोग्राफी कहते हैं, की मदद से आप अदृश्य चीज़ों, जैसे अणुओं, की तस्वीरें ले सकते हैं!

रोसलिंड ने इसी ताकत का इस्तेमाल करके विज्ञान की सबसे बड़ी पहेलियों में से एक को सुलझाने में मदद की: DNA कैसा दिखता है?

चित्र 26: रोसलिंड फ्रैंकलिन और उनकी टीम

DNA हर जीवित चीज़ की गुप्त रेसिपी जैसा होता है। सब जानना चाहते थे कि इसका *आकार* कैसा है। रोसलिंड किंग्स कॉलेज में एक टीम के साथ काम करती थीं। उन्होंने बहुत सावधानी से DNA की पतली–पतली लड़ियों पर X-रे डाले और इतनी साफ़, शानदार तस्वीर ली कि उसका नाम पड़ गया, फोटोग्राफ 51। वही तस्वीर बाद में DNA के मरोड़े हुए आकार, यानी *डबल हेलिक्स*, को समझने की चाबी बनी!

लेकिन कहानी में एक मोड़ भी है। टीम के सभी लोग हमेशा अच्छे पार्टनर नहीं बने। कुछ वैज्ञानिकों, जैसे जेम्स वॉटसन और फ्रांसिस क्रिक ने, रोसलिंड की फोटो को बिना ठीक से पूछे ही इस्तेमाल किया। DNA का मॉडल बनाकर वे बहुत मशहूर हो गए, लेकिन उनकी खोज में रोसलिंड की धैर्य और ध्यान से की गई मेहनत छुपी हुई थी। फिर भी, रोसलिंड ने नाराज़ होकर काम छोड़ नहीं दिया। वह आगे भी मेहनत करती रहीं, दूसरे वैज्ञानिकों के साथ मिलकर, विचार बाँटती हुई, उनकी बातें सुनती हुई, और साथ मिलकर बड़े-बड़े जवाब बनाती हुई।

इसके बाद उन्होंने वायरसों का अध्ययन शुरू किया, एरन क्लग नाम के एक और वैज्ञानिक के साथ टीम बनाकर। दोनों ने मिलकर समझा कि वायरस कैसे बने होते हैं, जैसे कोई जासूस अदृश्य किलों का नक्शा तैयार कर रहा हो। रोसलिंड अपनी टीम की अगुवाई दया, साफ़ सोच और ध्यान से करती थीं। उन्हें दिखावा पसंद नहीं था। उन्हें *साथ मिलकर काम करना* पसंद था।

रोसलिंड फ्रैंकलिन इतनी लंबी ज़िंदगी नहीं जीं कि देख पातीं कि उनका नाम कितना मशहूर हो जाएगा। लेकिन आज, दुनिया भर के वैज्ञानिक उन्हें विज्ञान की बड़ी पहेलियों की एक शानदार *साझेदार* के रूप में सम्मान देते हैं, ऐसी वैज्ञानिक, जिन्होंने साबित किया कि कुछ रहस्य अकेले नहीं, बल्कि *मिल-जुलकर* ही सुलझाए जाते हैं।

रिचर्ड फाइनमैन: महान समझाने वाले वैज्ञानिक

चित्र 27: रिचर्ड फाइनमैन समझाते हुए

अगर विज्ञान एक सर्कस होता, तो रिचर्ड फाइनमैन उसके रिंगमास्टर होते, विचारों को उछालते, चुटकुले सुनाते, और अपनी टोपी से ब्रह्मांड के राज़ निकालते हुए!

रिचर्ड फाइनमैन का जन्म 1918 में न्यूयॉर्क में हुआ, और शुरुआत से ही वे जिज्ञासा से भरे हुए थे। बचपन में वे रेडियो खोलकर देखते थे कि वे अंदर से कैसे काम करते हैं (और खुशकिस्मती से, ज़्यादातर को फिर से जोड़ भी देते थे!) उन्हें चीज़ों की गुत्थी सुलझाना बहुत पसंद था और सबसे ज़्यादा मज़ा आता था, जो समझा, उसे दूसरों को *समझाने* में।

बड़े होकर रिचर्ड दुनिया के मशहूर भौतिक विज्ञानी बने। उन्होंने परमाणुओं की ताकत समझने में मदद की और विज्ञान के सबसे अजीब हिस्से, क्वांटम मैकेनिक्स, की खोज में डूब गए। यानी वह दुनिया, जो बहुत ही छोटे-छोटे कणों और तरंगों से बनी है, जहाँ चीज़ें एक साथ दो जगह हो सकती हैं, या ऐसे तरीक़े से घूम सकती हैं जो तुम देख ही नहीं सकते।

काफ़ी उलझन भरा लगता है, है न? लेकिन अगर फाइनमैन समझाएँ, तो नहीं! उनके पास मुश्किल बातों को आसान बनाने का एक तरह का "जादुई तरीका" था। वह मजेदार कहानियाँ, अजीब-सी ड्रॉइंग्स, और यहाँ तक कि बोंगो ड्रम भी इस्तेमाल करते थे (हाँ, सच में!) ताकि लोग विज्ञान को महसूस कर सकें, सिर्फ़ पढ़ न रहे हों। उन्होंने एक बार कहा था,

> *"अगर तुम किसी बात को आसानी से समझा नहीं सकते, तो हो सकता है तुमने खुद भी उसे सही से नहीं समझा।"*

इसलिए वे बहुत मेहनत करते थे कि विज्ञान को *साधारण* बनाएँ. लेकिन ऐसा सरल जो *उबाऊ* नहीं, बल्कि *मज़ेदार* हो!

अपनी मशहूर "Feynman Lectures" में उन्होंने कॉलेज की भौतिकी को एक रोमांचक साहसिक यात्रा बना दिया। उनकी किताबें, जैसे *"Surely You're Joking, Mr. Feynman!"* लोगों को हँसाते भी थीं और सिखाती भी थीं। और जब एक स्पेस शटल (चैलेंजर) का धमाका हुआ, तो उन्होंने उसकी वजह समझने में मदद की — और फिर इतनी साफ़ भाषा में समझाया कि आम लोग भी समझ सके कि क्या हुआ था और क्यों।

रिचर्ड फाइनमैन सिर्फ़ वैज्ञानिक नहीं थे। वे शिक्षक थे, संवादक थे, विज्ञान की कहानियाँ सुनाने वाले कथाकार थे। वे मानते थे कि दुनिया आश्चर्यों से भरी है, और यह आश्चर्य सबके साथ बाँटा जाना चाहिए।

तो अगली बार जब तुम कोई चीज़ समझ लो, उसे अपने तक मत रखो, उसे *समझाओ*! अपने हाथों का इस्तेमाल करो, अपने शब्दों का, और अगर हों, तो अपने ड्रमों का भी! फाइनमैन की तरह बनो, विचारों को शब्दों की चमकदार आतिशबाज़ी में बदल दो, और आस-पास के दिमागों को रोशनी से भर दो।

माइकल फ़ैराडे: सच की चिंगारी

चित्र 28: माइकल फ़ैराडे और बिजली

माइकल फ़ैराडे ने कभी लैब कोट नहीं पहना। वह किसी शानदार, बड़े-से स्कूल में भी नहीं पढ़े। लेकिन उनके पास जो था, वह था—जिज्ञासा से भरा दिल और ऐसा दिमाग़ जो कभी झूठ नहीं बोलता था।

फ़ैराडे का जन्म 1791 में लंदन में हुआ। उनके पिता लोहार थे। माइकल को बहुत कम उम्र में ही स्कूल छोड़ना पड़ा, ताकि घर के लिए पैसे कमाने में मदद कर सकें। लेकिन इससे वह रुके नहीं। उन्होंने जितनी किताबें मिल सकीं, सब पढ़ डालीं—खासकर विज्ञान वाली। दिन में वह किताबें बाँधने (बुकबाइंडिंग) का काम करते थे, रात में किताबों के कीड़े बन जाते थे, और हर समय सपने देखते रहते थे।

फिर एक दिन, युवा माइकल को एक मशहूर रसायनशास्त्री हम्फ्री डेवी के विज्ञान व्याख्यान में जाने का मौका मिला। माइकल ने ढेर सारे नोट्स बनाए—पन्नों के पन्ने!—और उन्हें एक पत्र के साथ डेवी को भेज दिया, जिसका मतलब कुछ ऐसा था: “नमस्ते! मुझे विज्ञान बहुत पसंद है! क्या मैं आपके साथ काम कर सकता हूँ?”

और पता है क्या हुआ? डेवी ने “हाँ” कह दिया!

माइकल लैब सहायक बन गए, और जल्दी ही वह सिर्फ प्रयोगों में मदद ही नहीं कर रहे थे—वह उन्हें चला भी रहे थे! उन्होंने खोजा कि बिजली और चुंबकत्व आपस में जुड़े हैं, और इसी समझ ने आगे चलकर इलेक्ट्रिक मोटरों के बनने में मदद की। उन्होंने यह भी समझा कि रासायनिक ऊर्जा को विद्युत ऊर्जा में कैसे बदला जा सकता है। उनके काम ने दुनिया बदल दी।

लेकिन उनकी सबसे कमाल वाली बात यह थी: उन्होंने ऽभी बातें नहीं बनाईं।

माइकल मानते थे कि विज्ञान का मतलब है सच ढूँढना—भले ही वह सच वैसा न हो जैसा आप चाहते थे। अगर कोई प्रयोग फेल हो जाता, तो वह यह दिखावा नहीं करते कि वह सफल हुआ। अगर उन्हें जवाब नहीं पता होता, तो वह बहाने नहीं बनाते। उन्होंने एक बार कहा था: "कुछ भी सच होने के लिए बहुत अद्भुत नहीं है, अगर वह प्रकृति के नियमों के अनुरूप हो।" यानी उनका मानना था कि प्रकृति झूठ नहीं बोलती—और वैज्ञानिकों को भी नहीं बोलना चाहिए।

उन्होंने बहुत विस्तार से नोट्स लिखे, जो सच में हुआ वही बताया, और अपनी खोजों को खुलकर दूसरों के साथ बाँटा। उन्होंने तुम्हारी ही तरह बच्चों के लिए भी व्याख्यान दिए—जिनमें चिंगारियाँ, घूमती हुई कॉइलें, और चमकती रोशनियाँ होती थीं। पर सबसे ज़्यादा जो चीज़ उनमें चमकती थी, वह थी ईमानदारी।

माइकल फ़ैराडे ने दुनिया को दिखाया कि महान वैज्ञानिक बनने के लिए अमीर होना ज़रूरी नहीं, न ही पाउडर वाली विग पहनना, न ही बड़े-बड़े कठिन शब्द बोलना। बस जिज्ञासा चाहिए, साहस चाहिए, और सच के पीछे चलने की ईमानदारी—चाहे वह सच तुम्हें जहाँ भी ले जाए।

योहानेस केप्लर: ग्रहों की पहेली सुलझाने वाला

बहुत समय पहले, किलों और धूमकेतुओं की एक धरती में, योहानेस केप्लर नाम का एक लड़का रहता था। उसे तारों को देखना बहुत पसंद था। वे उसके ऊपर आकाश में छोटे-छोटे रहस्यों की तरह टिमटिमाते और नाचते थे। लेकिन योहानेस सिर्फ तारों पर अचरज नहीं करता था। वह जानना चाहता था कि वे कर क्या रहे हैं और जिस तरह चलते हैं, वैसा ही क्यों चलते हैं।

यहीं पर *अनुशासन* काम आया।

केप्लर उन वैज्ञानिकों में से नहीं थे जो जल्दी-जल्दी अंदाज़ा लगाकर आगे बढ़ जाते हैं। अरे नहीं! वह तो ऐसे थे जो आस्तीन चढ़ाते, सालों तक मेज़ पर बैठते, और सारा गणित अपने हाथों से करते! हज़ारों-हज़ारों संख्याएँ—दिन पर

चित्र 29: योहानेस केप्लर सौरमंडल का चित्र बनाते हुए

दिन। उसके दोस्त शायद सोचते होंगे कि इतना आकाश-आकाश सोचते-सोचते उसके सूप में भी तारे गिर गए हैं!

उसके पास एक बड़ा सवाल था: "क्या ग्रह बिल्कुल सही गोल-गोल वृत्तों में चलते हैं?" सब लोग यही मानते थे, मगर केप्लर सिर्फ मान लेने से खुश नहीं होते थे। उन्हें सबूत चाहिए था।

इसलिए उन्होंने एक दूसरे महान आकाश-प्रेक्षक, टाइको ब्राहे, के छोड़े हुए ग्रहों की चाल के नोट्स इस्तेमाल किए। वे नोट्स इतने बड़े थे जैसे माप-तौल का खज़ाना! केप्लर ने उन्हें ऐसे खंगाला जैसे कोई जासूस कभी खत्म न होने वाले केस में लगा हो। वह बार-बार आँकड़े जाँचते, चित्र बनाते, और कभी-कभी गलती भी कर बैठते। लेकिन उन्होंने हार नहीं मानी।

सालों की मेहनत (और शायद कुछ स्याही की दवातें छलकने) के बाद, केप्लर ने एक ज़बरदस्त खोज की: ग्रह बिल्कुल सही गोल-गोल नहीं चलते—वे दीर्घवृत्त (ellipses) नाम की खिंची हुई आकृतियों में चलते हैं! यह बात छोटी लग सकती है, लेकिन असल में यह बहुत बड़ी थी। इस खोज ने वैज्ञानिकों को गुरुत्वाकर्षण समझने में मदद की, रॉकेट बनाने में सहायता की, और यहाँ तक कि अंतरिक्षयात्रियों को चाँद तक पहुँचाने का रास्ता भी साफ़ किया!

योहानेस केप्लर ने हमें सिखाया कि बड़े रहस्य सुलझाने के लिए सिर्फ दिमाग़ नहीं चाहिए। *अनुशासन* भी चाहिए। अनुशासन वह स्थिर मेहनत है जो कठिन होने पर भी चलती रहती है।

तो अगली बार जब तुम कोई तारा देखो, याद रखना: केप्लर जैसे किसी इंसान ने उसे समझने के लिए सालों तक मेहनत की थी। और शायद, अगर तुम भी धैर्य और बारीकी से काम करोगे, तो तुम भी कोई रहस्य सुलझा सकते हो।

निकोलाई टेस्ला: वह आदमी जो चिंगारियों में सपने देखता था

1856 की एक तूफ़ानी रात थी। बिजली चमक रही थी, बादल गरज रहे थे, और आज के क्रोएशिया में एक छोटे-से गाँव में एक बच्चा पैदा हुआ। चमक-धमक के बीच उसकी दाई हक्का-बक्का रह गई और बोली, "यह बच्चा रोशनी का बच्चा होगा!" वह बच्चा था—निकोलाई टेस्ला। और वाह, दाई कितनी सही निकली!

शुरू से ही निकोलाई दुनिया को अलग तरह से देखते थे। जब दूसरे बच्चे खिलौनों से खेलते थे, वह उन्हें बनाते थे। जब दूसरे पक्षियों को उड़ते देखते थे, वह सोचते थे कि खुद कैसे उड़ें। उनके दिमाग़ में हमेशा तस्वीरें, पैटर्न, और पहेलियाँ घूमती रहती थीं। उन्हें कागज़ पर ड्रॉइंग करने की ज़रूरत नहीं पड़ती थी—वह अपनी कल्पना में आविष्कारों की "पेंटिंग" बना लेते थे, सबसे छोटे स्क्रू तक।

एक दिन, उन्होंने ऐसा जलचक्र (वॉटरव्हील) सोचा जो हमेशा घूमता रहे। दूसरे दिन, उनके मन में एक ऐसा मोटर आया जिसे चलने के लिए लगातार चिंगारी की ज़रूरत ही न पड़े। और जब वह आँखें बंद करते, तो सिर्फ सपने नहीं देखते—वह डिज़ाइन करते थे।

चित्र 30: निकोलाई टेस्ला सोचते हुए

जब निकोलाई बड़े हुए, तो अपने विचारों के पीछे-पीछे वह घर से बहुत दूर निकल पड़े। उन्होंने थॉमस एडिसन नाम के एक मशहूर आविष्कारक के साथ काम किया, लेकिन बिजली को लेकर दोनों के विचार बिल्कुल अलग थे। एडिसन **डायरेक्ट करंट (DC)** में विश्वास करते थे—जिसमें बिजली एक ही दिशा में बहती है, जैसे नदी। मगर टेस्ला का सपना था **अल्टरनेटिंग करंट (AC)**—जिसमें बिजली आगे-पीछे, झूले की तरह तेज़ी से नाचती रहती है, बिल्कुल बिजली की चमक जैसी।

कुछ लोगों को लगता था कि टेस्ला बहुत ज़्यादा कल्पनाशील हैं। बहुत अजीब। बहुत सपनीले। लेकिन पता है क्या? उनके विचार सचमुच काम करते थे। उन्होंने ऐसे मोटर बनाए जो AC से घूमते थे और पूरे-के-पूरे शहरों को रोशन कर देते थे। आज तुम्हारे घर की ज़्यादातर बिजली ठीक वैसे ही बहती है जैसा टेस्ला ने सोचा था—तारों में ज़िगज़ैग करती हुई, दुनिया में उजाला भरती हुई।

और हाँ, टेस्ला के सपने तो बहुत बड़े थे! वह चाहते थे कि दुनिया को मुफ़्त बिजली मिले—आसमान के ज़रिए प्रसारित होकर, जैसे रेडियो पर संगीत। उन्होंने समुद्र पार वायरलेस बिजली भेजने के लिए एक टॉवर भी बनाया। उनका टॉवर सफल नहीं हुआ (कुछ हद तक इसलिए कि उनके पैसे खत्म हो गए), लेकिन उनके कई "जंगली" लगने वाले विचार—जैसे वायरलेस संचार, एक्स-रे, रडार, और यहाँ तक कि रिमोट कंट्रोल—बाद में सच हो गए।

निकोलाई टेस्ला ने कल्पना करना कभी नहीं छोड़ा। उन्होंने यह पैसे या ट्रॉफियों के लिए नहीं किया। उन्होंने यह इसलिए किया क्योंकि वह विज्ञान, जिज्ञासा, और आश्चर्य से चलने वाली एक बेहतर दुनिया में विश्वास करते थे।

उन्होंने एक बार कहा था:

> *"भविष्य सच बताएगा... वर्तमान उनका है; भविष्य, जिसके लिए मैंने सच में काम किया है, मेरा है।"*

तो अगली बार जब तुम किसी दिन-ख्वाब में खो जाओ, या होमवर्क के किनारे पर किसी रोबोट की डूडलिंग कर रहे हो, या सोच रहे हो कि तारे किस चीज़ से बने हैं—तो रुको मत! दुनिया को सपने देखने वाले लोगों की ज़रूरत है। बिल्कुल निकोलाई टेस्ला जैसे।

हिम्मत से कल्पना करो। खुलकर सपने देखो। और दुनिया को रोशन कर दो।

चिएन-शिओंग वू: वह वैज्ञानिक जिन्होंने हार नहीं मानी

चीन के एक छोटे-से गाँव में एक बच्ची जन्मी, जो एक दिन विज्ञान को हमेशा के लिए बदल देने वाली थी। उसका नाम था चिएन-शिओंग वू। साल था 1912, और उस समय बहुत-सी लड़कियों से यह उम्मीद नहीं की जाती थी कि वे पढ़ाई में बहुत आगे जाएँगी। लेकिन चिएन-शिओंग के माता-पिता अलग थे। उनके पिता ने लड़कियों के लिए एक स्कूल शुरू किया—और अंदाज़ा लगाओ, पहली छात्राओं में कौन थी? बिल्कुल! छोटी-सी वू—आँखों में जिज्ञासा की चमक और दिमाग़ में सवालों की आतिशबाज़ी।

चित्र 31: चिएन-शिओंग वू प्रयोग करते हुए

वह किताबें ऐसे “चट” कर जातीं जैसे कोई स्वादिष्ट स्नैक। वह पहेलियाँ सुलझातीं। वह ऐसे अदृश्य चीज़ों के बारे में सपने देखतीं जैसे परमाणु और कण, और सोचतीं कि वे कैसे चलते हैं, कैसे घूमते हैं। जब वह जवान हुईं, तो एक बड़ा रोमांच उनके सामने था: उन्होंने परिवार को अलविदा कहा और भौतिकी पढ़ने के लिए समुद्र पार अमेरिका चली गईं।

लेकिन वहाँ पहुँचकर सब कुछ उतना आसान नहीं था जितना उन्होंने सोचा था।

चिएन-शिओंग वू बहुत प्रतिभाशाली थीं, और अपने आस-पास के ज़्यादातर लोगों से कहीं ज़्यादा मेहनत करती थीं, फिर भी अक्सर उन्हें नज़रअंदाज़ कर दिया जाता था। कभी उनकी खोजों का श्रेय उन्हें नहीं मिलता। कभी पुरुषों की तारीफ़ उन कामों के लिए होती जो उन्होंने किए थे। और कभी सिर्फ इसलिए कि वह एक महिला थीं, उन्हें कहा जाता, “रुको” या “बाद में कोशिश करना।” ऐसी बात किसी को भी हार मानने पर मजबूर कर सकती है।

लेकिन वू ने हार नहीं मानी।

उन्होंने विज्ञान के साथ वापसी की!

उन्होंने विचारों के साथ वापसी की!

उन्होंने इतने चतुर प्रयोगों के साथ वापसी की कि दूसरे वैज्ञानिक भी दंग रह गए!

उनके सबसे मशहूर प्रयोगों में से एक बीटा क्षय (beta decay) से जुड़ा था। बीटा क्षय वह प्रक्रिया है जब कुछ परमाणुओं से कुछ कण बाहर "छूट" जाते हैं। वैज्ञानिकों का मानना था कि अगर किसी कण को दर्पण की तरह उलटकर देखो, तो वह वैसे ही व्यवहार करेगा। इस विचार को "पैरिटी" (parity) कहा जाता था। लेकिन वू ने सोचा, "अगर ब्रह्मांड इतना निष्पक्ष न हुआ तो?" उन्होंने इसे जाँचने के लिए एक बेहद सटीक, बेहद ठंडा, सुपर-नाज़ुक प्रयोग तैयार किया।

और फिर क्या हुआ? वह सही निकलीं। ब्रह्मांड ने सच में अपने "नियम" तोड़ दिए! उनकी खोज ने दिखाया कि प्रकृति कभी-कभी "एक तरफ़" भी हो सकती है—और विज्ञान की दुनिया में हलचल मच गई।

यह भौतिकी की सबसे बड़ी खोजों में से एक थी। सिद्धांत के लिए दो पुरुषों को नोबेल पुरस्कार मिला। लेकिन वू—जिन्होंने इसे अपने हाथों और अपने दिल से साबित किया—उन्हें वह पुरस्कार नहीं मिला।

फिर भी, उन्होंने आगे बढ़ना नहीं छोड़ा। उन्होंने बहस नहीं की। पैर पटककर गुस्सा नहीं किया। उन्होंने पढ़ाया। उन्होंने शोध किया। वह चमकती रहीं।

और धीरे-धीरे दुनिया ने ध्यान देना शुरू किया। वह अमेरिकन फिजिकल सोसाइटी की अध्यक्ष बनने वाली पहली महिला बनीं। उन्होंने दर्जनों पुरस्कार जीते। स्कूलों और सड़कों के नाम उनके नाम पर रखे गए। लोग उन्हें "फिजिक्स की फर्स्ट लेडी" और "न्यूक्लियर रिसर्च की क्वीन" कहने लगे।

लेकिन सारे खिताबों से भी बढ़कर, चिएन-शिओंग वू ने हमें सिखाया कि *लचीलापन* सच में क्या होता है। उन्होंने दिखाया कि जब ज़िंदगी तुम्हें नीचे धकेले, तो तुम दयालुता, साहस, और न रुकने वाली जिज्ञासा के साथ वापस ऊपर उछल सकते हो।

तो अगर कभी तुम्हारा मन हार मानने का हो, चिएन-शिओंग वू को याद करना। उन्होंने सिर्फ इतिहास नहीं बनाया—उन्होंने "फिर से उठ खड़े होने" को जादू जैसा चमकदार बना दिया।

रेचल कार्सन: वह वैज्ञानिक जिन्होंने धरती की ओर से आवाज़ उठाई

समुद्र की गरजती लहरों के पास, ज्वार की कहानी वाले एक किनारे पर, रेचल कार्सन नाम की एक लड़की रहती थी। उसका जन्म 1907 में पेनसिलवेनिया के एक छोटे-से शहर में हुआ। बचपन में उसे जंगलों में घूमना,

चिड़ियों के गीत सुनना, और दूर-दूर के महासागरों के सपने देखना बहुत पसंद था। जब दूसरे बच्चे खिलौनों से खेलते थे, रेचल जानवरों, तारों, और विज्ञान की किताबों में डूबी रहती थी। उसने तो दस साल की उम्र में ही अपनी पहली कहानी भी लिख दी थी!

जैसे-जैसे रेचल बड़ी हुई, प्रकृति के लिए उसका प्यार और भी गहरा होता गया। वह वैज्ञानिक बनी, लेकिन ऐसी नहीं जो हमेशा लैब में बुलबुले उठाते बीकरों के बीच बैठी रहती। रेचल एक लेखक-वैज्ञानिक थी। विज्ञान को सुंदर और साफ़ शब्दों में समझाने की उसके पास खास कला थी। उसकी किताबों ने लोगों को प्रकृति से प्यार करना सिखाया—खासकर उस रहस्यमय, गहरे नीले समुद्र से।

चित्र 32: रेचल कार्सन साइलेंट स्प्रिंग पढ़ते हुए

लेकिन फिर रेचल ने एक परेशान करने वाली बात देखी। किसान कीड़ों को मारने के लिए बहुत ताक़तवर रसायन इस्तेमाल कर रहे थे, जिन्हें कीटनाशक कहा जाता है। इनमें से एक रसायन था DDT। शुरुआत में यह मददगार लगा—फसलें कीड़ों से बच गईं! मगर रेचल ने गौर किया कि पक्षी गायब हो रहे हैं। मछलियाँ मर रही हैं। और शायद लोग भी बीमार पड़ रहे हैं।

उसने समझ लिया कि ये रसायन सिर्फ़ वहीं नहीं रहते जहाँ उन्हें छिड़का जाता है। वे पानी, हवा, और भोजन के जरिए फैल जाते हैं। रेचल के दिल में एक गहरी बात जागी: ज़िम्मेदारी का एहसास।

"किसी को सच बताना होगा," उसने सोचा। *"किसी को धरती की रक्षा करनी होगी।"*

तो उसने काम शुरू कर दिया।

उसने हर तथ्य पढ़ा। हर संख्या दोबारा जाँची। उसने पक्का किया कि उसकी किताब का हर वाक्य सच भी हो और न्यायपूर्ण भी। फिर उसने साइलेंट स्प्रिंग लिखी—एक ऐसी किताब जिसने दुनिया बदल दी। उसने चेतावनी दी कि अगर हम सावधान नहीं रहे, तो बसंत बिना चिड़ियों के गीत के भी आ सकता है। सोचो—एक दुनिया जहाँ रॉबिन पक्षी गाए ही नहीं!

कुछ लोग सुनना नहीं चाहते थे। बड़ी कंपनियों ने उसे रोकने की कोशिश की। लेकिन रेचल तूफ़ान में खड़े प्रकाशस्तंभ जैसी डटी रही। वह चिल्लाई नहीं, किसी पर दोष नहीं मढ़ा—बस शांत रहकर सच सामने रखती रही।

क्योंकि ज़िम्मेदार होना सबसे ज़ोर से बोलने का नाम नहीं है। यह सावधान रहने का नाम है। बहादुर होने का नाम है। और सही काम करने का नाम है—चाहे वह मुश्किल ही क्यों न हो।

रेचल कार्सन की वजह से लोगों ने ध्यान देना शुरू किया। प्रकृति की रक्षा के लिए कानून बने। कीटनाशकों की जाँच ज़्यादा सावधानी से होने लगी। और लाखों लोगों ने समझा कि धरती को देखभाल करने वालों की ज़रूरत है।

रेचल कार्सन ने सिर्फ प्रकृति से प्यार नहीं किया—उसकी देखभाल भी की।

उसने पूरी दुनिया को दिखाया कि विज्ञान के साथ हमेशा दिल भी होना चाहिए।

और उसने हमें एक और बात सिखाई: सच और ज़िम्मेदारी से कही गई एक अकेली, शांत आवाज़ भी दुनिया भर में गूँज सकती है।

अलेक्ज़ेंडर फ़्लेमिंग: फफूँदी वाला सरप्राइज़ हीरो

चित्र 33: अलेक्ज़ेंडर फ़्लेमिंग को फफूँदी मिली

स्कॉटलैंड में, एक खेत पर अलेक्ज़ेंडर फ़्लेमिंग नाम का एक बच्चा पैदा हुआ। उसके पालने में कोई माइक्रोस्कोप नहीं था, और बेबी फ़ोटो के लिए कोई लैब कोट भी नहीं। लेकिन बचपन से ही उसे चीज़ों के काम करने का तरीका जानने की बहुत जिज्ञासा थी—खासकर प्रकृति में। उसे कीड़े-मकोड़े देखना, पौधे उगते देखना, और "क्यों?" ऐसे पूछना पसंद था कि कई बड़ों के पास भी उतने जवाब नहीं होते थे!

जैसे-जैसे वह बड़ा हुआ, अलेक्ज़ेंडर लंदन चला गया और डॉक्टर बन गया। लेकिन वह सिर्फ मरीज देखने वाला डॉक्टर नहीं था—वह एक वैज्ञानिक भी था। वह एक प्रयोगशाला में काम करता था, जहाँ वह बैक्टीरिया का अध्ययन करता था—इतने छोटे जीव कि उन्हें देखने के लिए माइक्रोस्कोप चाहिए। कुछ बैक्टीरिया मददगार होते हैं, लेकिन कुछ लोगों को बहुत बीमार कर सकते हैं। और उन दिनों अगर किसी को गंभीर संक्रमण हो जाता, तो डॉक्टर ज़्यादा कुछ कर नहीं पाते थे।

फ़्लेमिंग यह बदलना चाहता था।

अब कहानी यहाँ से मज़ेदार भी हो जाती है... और थोड़ी-सी गंदी भी!

1928 में एक गर्म दिन, फ़्लेमिंग थोड़ी छुट्टी पर चला गया। उसने अपनी सारी पेट्री डिश साफ़ नहीं कीं (ये वो छोटी, चपटी डिब्बियाँ होती हैं जिनमें वैज्ञानिक बैक्टीरिया उगाते हैं)। जब वह वापस आया, तो उसे कुछ अजीब दिखा। एक डिश में फफूँदी लग गई थी। बीच में ही एक फूला-फूला, रोएँदार सा छोटा-सा धब्बा उग आया था!

ज़्यादातर लोग कहते, "उफ्फ!" और उसे फेंक देते।

लेकिन अलेक्ज़ेंडर फ़्लेमिंग नहीं।

वह डिश के पास झुका। उसने चश्मे के पीछे से ध्यान से देखा। और उसने एक कमाल की बात नोटिस की: फफूँदी के चारों ओर बैक्टीरिया गायब थे! फफूँदी उन्हें मार रही थी!

"यह अद्भुत फफूँदी आखिर है क्या?" उसने सोचा।

फ़्लेमिंग ने यह नहीं कहा, "अरे नहीं, मेरा प्रयोग खराब हो गया!"

उसने कहा, "यहाँ कुछ नया हो रहा है। मैं पता लगाऊँगा क्या!"

इसे कहते हैं *लचीलापन, ढलने की क्षमता*—यानी अपने प्लान बदल सकना, सरप्राइज़ के पीछे जाना, और कुछ नया सीख लेना।

उसने उस फफूँदी का अध्ययन किया और पाया कि वह एक खास पदार्थ बनाती है जो बैक्टीरिया से लड़ सकता है। उसने उसका नाम रखा पेनिसिलिन। यह पहला एंटीबायोटिक बना। एंटीबायोटिक ऐसी दवा होती है जो संक्रमण से लड़ती है।

शुरू में लोगों को समझ नहीं आया कि यह खोज कितनी बड़ी है। लेकिन कई साल बाद, दूसरे विश्व युद्ध के समय, दूसरे वैज्ञानिकों ने पेनिसिलिन को बड़ी मात्रा में बनाना सीख लिया—और इसने लाखों लोगों की जान बचाई।

फ़्लेमिंग की लचीली सोच की वजह से, फफूँदी वाला एक "दुर्घटनावश" हादसा चिकित्सा इतिहास की सबसे महान खोजों में बदल गया।

तो हम अलेक्ज़ेंडर फ़्लेमिंग से क्या सीख सकते हैं?

- गलतियों से डरना मत।
- जो अनपेक्षित हो, उसे ध्यान से देखो।
- अपना मन बदलने के लिए तैयार रहो।
- और हमेशा जिज्ञासु बने रहो।

जब वैज्ञानिक लचीले होते हैं, तो सबसे बड़ी खोजें कभी-कभी सबसे गड़बड़ पलों से निकल आती हैं।

चार्ल्स डार्विन: वह खोजी जो "मुझे नहीं पता" कहने से नहीं डरता था

चित्र 34: चार्ल्स डार्विन फिंच पक्षियों के साथ

विज्ञान की असली दुनिया में 1809 में इंग्लैंड के श्रूस्बरी शहर में चार्ल्स डार्विन नाम का एक बच्चा पैदा हुआ। उसके पास कोई सुपरपावर या जादू की छड़ी नहीं थी। लेकिन उसके पास उतनी ही ताक़तवर चीज़ थी—जिज्ञासा।

बचपन में चार्ल्स एक संग्रहकर्ता था। पंख, कीड़े, भृंग, हड्डियाँ—जो भी रेंगता-हिलता, चमकता, या रहस्यमय लगता, वह किसी न किसी तरह उसकी जेब में पहुँच जाता। (उसकी माँ को कपड़े धोने का दिन शायद बिल्कुल पसंद नहीं आता होगा!) चार्ल्स को पढ़ाई का होमवर्क हमेशा मज़ेदार नहीं लगता था, और वह ऐसा बच्चा भी नहीं था जो हाथ उठाकर सारे जवाब दे दे। लेकिन उसे सवाल पूछना बहुत पसंद था—और सिर्फ छोटे सवाल नहीं, बड़े सवाल।

- जानवरों के इतने सारे प्रकार क्यों हैं?
- वे सब कहाँ से आए?
- वे बदलते क्यों हैं?

जब चार्ल्स बड़ा हुआ, तो उसे ज़िंदगी का सबसे बड़ा मौका मिला: HMS बीगल नाम के जहाज़ पर बैठकर दुनिया भर की वैज्ञानिक यात्रा करना। वह कप्तान नहीं था। वह जहाज़ का "मुख्य वैज्ञानिक" भी नहीं था (कम-से-कम शुरू में तो नहीं!)। वह वहाँ प्रकृति को देखने, समझने, और नोट करने गया था। और उसने यह काम बेहद खूबसूरती से किया।

दक्षिण अमेरिका के तटों से लेकर दूर-दूर के गैलापागोस द्वीपों तक, चार्ल्स ने हर आकार और हर तरह के जीव देखे। फिर उसने एक अजीब-सी बात नोटिस की: एक द्वीप के फिंच पक्षी दूसरे द्वीप के फिंच से अलग दिखते थे। किसी की चोंच लंबी और नुकीली थी—कीड़े पकड़ने के लिए। किसी की चोंच मोटी और मजबूत थी—बीज तोड़ने के लिए। "क्या ये सारे पक्षी आपस में रिश्तेदार हो सकते हैं?" उसने सोचा। "क्या ये समय के साथ बदल गए, ताकि अपने घर जैसे माहौल में फिट हो सकें?"

वही सवाल एक ऐसी पहेली बन गया जिस पर चार्ल्स ने सालों तक काम किया। जब वह इंग्लैंड लौटा, तो उसने जल्दबाज़ी नहीं की। वह अगले दिन

"यूरेका!" चिल्लाकर किताब लिखने नहीं बैठ गया। नहीं—चार्ल्स धैर्यवान था। उसने कबूतर पाले। उसने जीवाश्म (फॉसिल) देखे। उसने किताबें पढ़ीं। उसने स्केच बनाए। वह लंबी सैर करता और गहराई से सोचता। और कभी-कभी वह वह सबसे बहादुर बात कहता जो कोई वैज्ञानिक कह सकता है: *"मुझे अभी पक्का नहीं पता।"*

देखो, चार्ल्स डार्विन का मानना था कि अच्छा वैज्ञानिक होने का मतलब है प्रकृति की सुनना, न कि बस उसके बारे में बोलते चले जाना। वह यह दिखावा नहीं करता था कि उसे सब कुछ पता है। सच तो यह है कि उसने अपनी सबसे मशहूर किताब *On the Origin of Species* (प्रजातियों की उत्पत्ति) छापने से पहले लगभग बीस साल इंतज़ार किया। और उस किताब में भी उसने माना कि "अभी बहुत-सी बातें हैं जिन्हें हम पूरी तरह नहीं समझते।" वह ईमानदार था। वह सावधान था। वह विनम्र था।

और यही बात उसे महान् बनाती है। क्योंकि विज्ञान का मतलब कमरे में सबसे "होशियार" होना नहीं है। विज्ञान का मतलब है इतना बहादुर होना कि तुम पूछ सको, "अगर मैं गलत हुआ तो?" और इतना समझदार होना कि जब दुनिया कोई नई बात धीरे से बताए, तो तुम उसे सचमुच सुन सको।

तो अगली बार जब तुम्हारे मन में कोई बड़ा सवाल आए, या तुम किसी बात को लेकर अनिश्चित महसूस करो, चार्ल्स डार्विन को याद करना—जेबों में भृंग रखने वाला वह लड़का, नोटबुक में पक्षियों के चित्र भरने वाला खोजी, और वह वैज्ञानिक जिसने *"मुझे नहीं पता... अभी"* कहकर दुनिया बदल दी।

टाइको ब्राहे: तारों को नापने वाला महान उस्ताद

ठंडी-ठंडी डेनमार्क की एक रियासत में, चमकते तारों के नीचे एक बच्चा पैदा हुआ। वही बच्चा बड़ा होकर बना टाइको ब्राहे—वह आदमी जिसने एक दिन आकाश को ऐसे नापा, जैसे उससे पहले किसी ने कभी नहीं नापा था।

चित्र 35: टाइको ब्राहे तारों को मापते हुए

टाइको कोई साधारण तारा-देखने वाला नहीं था। वह बस ऊपर देखकर यह नहीं कहता था, "वाह, कितना सुंदर तारा!" अरे नहीं। वह जानना चाहता था कि वह तारा ठीक-ठीक कहाँ है। कितना ऊँचा? कितना चमकीला? उस दूसरी टिमटिमाती

चीज़ से कितनी दूरी पर? उसे जिज्ञासा थी—लेकिन उससे भी बढ़कर, उसे सटीकता पसंद थी।

टाइको का जन्म 1546 में हुआ—दूरबीन बनने से सैकड़ों साल पहले। लेकिन इससे वह रुका नहीं! उसने अपने औज़ार खुद बनाए: विशाल धातु के उपकरण, जो देखने में जैसे कंपास, पैमाना, और एक बड़े झूला-सेट का मज़ेदार मिश्रण हों। उसने तो एक पूरी वेधशाला-टापू भी बनवाया जिसका नाम था यूरानीबोर्ग—यानी "आकाश का किला।" हाँ, सही सुना! तारों का अध्ययन करने के लिए उसका अपना द्वीप था!

हर रात टाइको गरम ऊनी लबादे लपेटता, खुले आसमान के नीचे निकलता, और रिकॉर्ड लिखने लगता। वह जल्दबाज़ी नहीं करता था। वह लापरवाह भी नहीं था। अगर चाँद ज़रा-सा भी सरकता, तो वह पकड़ लेता। अगर कोई ग्रह बाल जितना बाएँ खिसकता, टाइको जान जाता। वह सारी बातें साफ़-सुथरे नोट्स में लिखता—हमेशा दोबारा जाँचता, हमेशा मापता... दो बार, कभी तीन बार भी! उसके रिकॉर्ड दुनिया में सबसे ज़्यादा सही थे, और उसने उन्हें दशकों तक संभालकर रखा।

1572 में उसने एक और कमाल की बात देखी। आसमान में एक नया चमकीला तारा दिखाई दिया! आज हम जानते हैं कि वह सुपरनोवा था (यानी फटता हुआ तारा), लेकिन तब लोग मानते थे कि "आकाश कभी बदलता ही नहीं।" टाइको की सावधानी से की गई माप-तौल ने साबित करने में मदद की कि आकाश बदलता है।

अब, टाइको हर समय गंभीर भी नहीं रहता था। उसमें नाटकीय अंदाज़ भी था! वह शानदार कपड़े पहनता, एक पालतू मूस (एक बड़ा-सा हिरन जैसा जानवर) भी रखता था, और एक तलवार-युद्ध में—गणित की समस्या पर बहस करते हुए—अपनी असली नाक गंवा बैठा। फिर उसने धातु की नाक पहननी शुरू कर दी। (ये घर पर बिल्कुल मत आज़माना!)

लेकिन मूस और धातु के नीचे, टाइको एक ऐसा वैज्ञानिक था जिसे विश्वास था कि सच बारीकियों में छिपा होता है। उसकी सटीकता ने उसके सहायक योहानेस केप्लर के लिए रास्ता बनाया—जिसने आगे चलकर समझा कि ग्रह बिल्कुल सही गोल नहीं घूमते, बल्कि दीर्घवृत्त (अंडाकार) कक्षाओं में चलते हैं। टाइको के सावधानी से बनाए हुए आकाश-नक्शों के बिना, शायद हम आज भी बस अंदाज़े ही लगा रहे होते।

तो अगली बार जब तुम तारों को देखकर सोचो कि वहाँ क्या है, टाइको ब्राहे को याद करना—वह आदमी जिसने ऊपर देखा और कहा,

"चलो... इसे मापते हैं!"

और फिर... उसने सचमुच, *बिल्कुल सटीकता* से माप डाला!

दिमित्री मेंडेलीव: उथल-पुथल वाली रासायनिक दुनिया में व्यवस्था का उस्ताद

चित्र 36: दिमित्री मेंडेलीव और आवर्त सारणी

दिमित्री मेंडेलीव का जन्म 1834 में रूस के साइबेरिया के एक ठंडे-से शहर में हुआ। वह अपने बहुत बड़े परिवार में सबसे छोटा था। कुछ लोग कहते हैं कि उसके 17 तक भाई-बहन थे! घर में इतने जूते, किताबें, और कटोरियाँ हों, तो दिमित्री का व्यवस्थित रहना सीख जाना बिल्कुल हैरानी की बात नहीं है!

जब दिमित्री छोटा था, उसे पढ़ना-सीखना बहुत पसंद था—खासकर विज्ञान। लेकिन ज़िंदगी हमेशा आसान नहीं रही। उसके पिता की आँखों की रोशनी चली गई, और बाद में उनका देहांत हो गया। तब उसकी माँ ने दिमित्री को पढ़ाने के लिए बहुत मेहनत की। वह उसे रूस भर में एक लंबी यात्रा पर भी ले गईं, ताकि उसे सबसे अच्छा स्कूल मिल सके।

दिमित्री ने रसायन विज्ञान (केमिस्ट्री) पढ़ी, और जल्दी ही उसने एक अजीब बात देखी: रासायनिक तत्वों की दुनिया पूरी तरह गड्ड-मड्ड थी। वैज्ञानिक 60 से ज़्यादा तत्व खोज चुके थे, लेकिन किसी को ठीक से पता नहीं था कि वे आपस में कैसे जुड़े हैं। कोई पक्का तरीका नहीं था—बस नाम और संख्याएँ, सब कुछ ऐसे मिला-जुला जैसे लेगो ईंटों का गंदा-सा दराज!

लेकिन दिमित्री के पास एक ख़ास ताक़त थी—व्यवस्था। जहाँ दूसरों को बस उलझन का ढेर दिखता, वहाँ उसे पैटर्न दिखते। तो उसने काम शुरू कर दिया।

दिमित्री ने हर ज्ञात तत्व को अलग-अलग कार्ड पर लिख लिया—एक कार्ड, एक तत्व। हर कार्ड पर तत्व का नाम, उसका वज़न, और उसकी विशेषताएँ थीं। फिर उसने उन कार्डों को एक बड़े टेबल पर फैला दिया—मानो वह तत्वों के साथ "मेमोरी मैच" का एक विशाल खेल खेल रहा हो!

उसने उन्हें परमाणु वज़न के हिसाब से लगाया—सबसे हल्के से सबसे भारी तक—लेकिन बात सिर्फ इतनी नहीं थी। कुछ तत्व एक जैसे व्यवहार करते थे, और दिमित्री ने सोचा, "हम्म... शायद इन्हें एक साथ रखना चाहिए!"

उसने कार्ड इधर-उधर किए। उसने छाँटा। उसने घूर-घूरकर देखा। उसने नोट्स लिखे। और हाँ... शायद उसने बहुत सारी चाय भी पी होगी।

आख़िरकार एक पैटर्न उभर आया। कुछ तत्वों के गुण नियमित ढंग से दोहराते थे। जैसे किसी गीत में ताल बार-बार लौटकर आती है। दिमित्री ने आवर्त नियम खोज लिया—तत्वों की वह छुपी हुई "लय"!

एक बड़ी मुस्कान के साथ (और शायद एक बड़ी जम्हाई के साथ भी), दिमित्री ने तत्वों की आवर्त सारणी बना दी। हर तत्व का एक "घर" तय हो गया। उसने कुछ जगहें खाली भी छोड़ दीं—जहाँ उस समय कोई ज्ञात तत्व फिट नहीं बैठता था। लेकिन उसे पूरा भरोसा था कि वे तत्व मौजूद होने चाहिए।

लोगों को लगा वह थोड़ा अजीब है। "तुम अपनी तालिका में छेद कैसे छोड़ सकते हो?" वे बोले।

लेकिन दिमित्री बस मुस्कुराया और कहा, "बस इंतज़ार करो।"

और कुछ साल बाद, वैज्ञानिकों ने ठीक वही तत्व खोज लिए जिनकी दिमित्री ने भविष्यवाणी की थी—गैलियम, स्कैंडियम, और जर्मेनियम—और वे उसकी तालिका में बिल्कुल सही बैठ गए, जैसे पहेली के टुकड़े, जिन्हें उसने बनने से पहले ही देख लिया हो!

उसके सावधानी से बनाए रिकॉर्ड, उसकी साफ़-सुथरी तालिका, और चीज़ों को क्रम में रखने का उसका प्यार—इन सबने वैज्ञानिकों को हर चीज़ के "निर्माण-खंड" समझने में मदद की: हवा से लेकर पानी तक, पीनट बटर से लेकर ग्रहों तक।

दिमित्री की वजह से केमिस्ट्री "गड़बड़" नहीं रही—वह समझ में आने लगी।

दिमित्री मेंडेलीव के मज़ेदार तथ्य:

- वह एक बार सामान इतना व्यवस्थित तरीके से पैक करता था कि सिर्फ एक ट्रंक लेकर हफ्तों की यात्रा कर सकता था!
- उसकी दाढ़ी लंबी और थोड़ी "जंगली" थी, लेकिन उसकी नोटबुक हमेशा साफ़ और सलीकेदार रहती थी।
- उसने रूस में वज़न और माप की नई व्यवस्था बनाने में भी मदद की—क्योंकि व्यवस्था उसके लिए सिर्फ शौक नहीं, उसकी सुपरपावर थी!

कहानी की सीख? अगर तुम्हारा बैग सलीके से रखा है, मोज़ों की दराज छँटी हुई है, और ट्रेडिंग कार्ड ठीक-ठीक जमाए हुए हैं—तो समझो तुम दिमित्री की तरह सोच रहे हो। किसे पता था कि *व्यवस्था* दुनिया बदल सकती है?

सोफी जर्मेन: वह महिला जो बार-बार पूछती रही—"क्यों?"

पेरिस के दिल में, क्रांति और बदलाव के दौर में, सोफी जर्मेन नाम की एक छोटी-सी लड़की ने पटाखों और झंडों से भी ज़्यादा ताक़तवर चीज़ खोजी: संख्याओं की एक किताब। वह सिर्फ तेरह साल की थी, लेकिन जैसे ही उसने आर्किमिडीज़ के बारे में पढ़ा—वह प्राचीन यूनानी गणितज्ञ जो सोच में इतना डूबा

रहता था कि उसे हमला करती सेना तक का पता नहीं चला—सोफी का मन वहीं अटक गया।

"अगर गणित किसी इंसान को आसपास की हर चीज़ भुला सकता है," सोफी ने सोचा, "तो मुझे जानना है कि यह इतना अद्‌भुत क्यों है।"

चित्र 37: सोफी जर्मेन पूछती हुई, "क्यों?"

लेकिन एक समस्या थी। वह 1700 के दशक के आख़िरी साल थे, और उन दिनों लोग कहते थे कि लड़कियों को गणित नहीं पढ़ना चाहिए। उन्हें बुनाई करनी चाहिए, केक बनाना चाहिए, कविता लिखनी चाहिए—ब्रह्मांड के रहस्यों पर माथापच्ची नहीं। मगर सोफी? सोफी लिखती जरूर थी... बस वह समीकरणों में लिखती थी।

रात में जब घर शांत होता और परिवार समझता कि वह सो रही है, सोफी चुपके से बिस्तर से निकलती, मोमबत्ती जलाती, और अपनी चादर के नीचे गणित करती। उसके माता-पिता ने एक बार पकड़ लिया और उसकी मोमबत्तियाँ छीन लीं, यह सोचकर कि वह रुक जाएगी। लेकिन सोफी रुकी नहीं। उसने बस और मोमबत्तियाँ ढूँढ़ लीं।

जैसे-जैसे वह बड़ी हुई, सोफी और भी ज़्यादा सीखना चाहती थी। लेकिन पेरिस का महान स्कूल एकोल पॉलिटेक्नीक (École Polytechnique) महिलाओं को दाख़िला नहीं देता था। तो सोफी ने एक चालाक योजना बनाई: उसने एक पूर्व छात्र का नाम उधार लिया—मॉन्सieur लेब्लाँ (Monsieur LeBlanc)—और उसी नाम से डाक द्वारा होमवर्क भेजना शुरू कर दिया!

प्रोफेसर उसके काम को देखकर हैरान रह गए। एक दिन, सोफी ने मशहूर गणितज्ञ कार्ल फ्रेडरिक गाउस (Carl Friedrich Gauss) को पत्र लिखा। गाउस उसके विचारों से इतना प्रभावित हुआ कि उसने जवाब में उसकी बुद्धि और गहरी समझ की तारीफ़ की। उसे यह अंदाज़ा ही नहीं था कि सोफी एक महिला है—जब तक युद्ध के समय एक भले आदमी ने उसे सच नहीं बताया। गाउस हैरान भी हुआ और खुश भी। उसने कहा कि बहुत कम पुरुष हैं जो उसकी प्रतिभा की बराबरी कर सकते हैं।

लेकिन सोफी ने तालियाँ पाने के लिए गणित नहीं किया। उसने यह इसलिए किया क्योंकि उसके पास सवाल थे। वह संख्या सिद्धांत पढ़ती, सोचती कि कुछ संख्याएँ मिलकर क्यों "नाचती" हैं, जबकि कुछ अकेली क्यों रह जाती हैं। और फिर उसने एक नए तरह का "क्यों" पूछा:

लोहे की पतली प्लेटों पर जब तुम चोट करते हो, तो वे सुंदर पैटर्न में क्यों काँपती हैं?

यह "धातु का संगीत" सिर्फ दिलचस्प नहीं था—यह एक रहस्य था। वैज्ञानिक वर्षों से सिर खुजा रहे थे। सोफी ने इस समस्या पर दस साल से भी ज़्यादा मेहनत की। जब दूसरे लोग हार मान गए, तब भी वह लगी रही—और आखिर उसने इतना ज़रूरी जवाब पाया कि उससे लोच के विज्ञान को आगे बढ़ाने में मदद मिली। लोच का मतलब है चीज़ों का मुड़ना, खिंचना, और कंपन करना।

जब उसने इस समस्या को हल करने के लिए एक प्रतियोगिता में हिस्सा लिया, तो वह पहली बार नहीं जीती। लेकिन क्या इससे वह रुक गई? बिल्कुल नहीं! उसने अपने काम को सुधारा, निखारा, और फिर कोशिश की। अगली बार... वह जीत गई।

सोफी जर्मेन ने "क्यों" पूछना कभी नहीं छोड़ा—न तब जब उसके माता-पिता ने रोकना चाहा, न तब जब समाज ने "नहीं" कहा, और न तब जब समस्याएँ बहुत कठिन हो गईं। उसकी जिज्ञासु सोच उसे वहाँ तक ले गई जहाँ किसी ने कल्पना भी नहीं की थी। आज भी दुनिया भर के गणितज्ञ उसके काम का अध्ययन करते हैं और उसके साहस की प्रशंसा करते हैं।

तो अगर तुम कभी सोचो कि आसमान नीला क्यों है, या संख्याएँ इतनी अजीब क्यों बर्ताव करती हैं, या गिटार की तार वैसी ही गुनगुनाती क्यों है—तो याद रखना: तुम सोफी जर्मेन के कदमों पर चल रहे हो—उस महिला के, जिसने बार-बार "क्यों?" पूछा... और अपने सवालों से दुनिया बदल दी।

पॉल एरडॉश: वह आदमी जिसे नींद से ज़्यादा संख्याएँ प्यारी थीं

ज़्यादातर लोग स्कूल जाते समय बैकपैक उठाते हैं। पॉल एरडॉश ने साथ में उठाया—गणित से भरा हुआ दिमाग़... और बस, बाकी कुछ खास नहीं! उसका जन्म 1913 में हंगरी में हुआ, और जब वह सिर्फ चार साल का था, तब वह ऐसा गणित कर लेता था जिसमें बड़े-बड़े लोग भी अटक जाते। अगर तुम उसे अपना जन्मदिन बता देते, तो वह झट से बता देता कि तुम कितने सेकंड के हो चुके हो! जब दिमाग़ ही कैलकुलेटर हो, तो अलग कैलकुलेटर किसे चाहिए?

लेकिन एरडॉश यहीं नहीं रुका। जैसे-जैसे वह बड़ा हुआ, उसे संख्याओं से और भी ज़्यादा लगाव हो गया—खासकर मूल संख्याओं से (ये वे संख्याएँ होती हैं जो सिर्फ 1 और खुद से ही पूरी तरह विभाजित होती हैं, जैसे 2, 3, 5, 7)। उसे लगता था कि मूल संख्याएँ संख्याओं के समुद्र में अकेले-से छोटे द्वीपों जैसी हैं, और वह उनके रहस्य समझना चाहता था।

अब आता है मज़ेदार हिस्सा: पॉल एरडॉश ने बाकी लोगों की तरह "सेटल" होना पसंद नहीं किया। उसने घर नहीं खरीदा, कार नहीं ली। उसने शादी नहीं

की, न ही बच्चे हुए। इसके बजाय, वह एक गणितीय खानाबदोश बन गया! वह सिर्फ एक सूटकेस लेकर दुनिया भर में घूमता, दूसरे गणितज्ञों के पास जाता, और उनके दरवाज़े पर दस्तक देकर कहता, "मेरा दिमाग़ खुला है।"

चित्र 38: पॉल एरडॉश किसी के दरवाज़े पर आ धमकते हुए

एरडॉश की भाषा में इसका मतलब था: "चलो, साथ में गणित करते हैं!"

वह मानो गणित का सुपरहीरो था—जो सबसे कठिन पहेलियाँ सुलझाने में मदद करने के लिए उड़ता-उड़ता आ जाता। उसने 1500 से ज़्यादा शोध-पत्र लिखे—गणित के इतिहास में लगभग सबसे ज़्यादा—और 500 से अधिक लोगों के साथ मिलकर काम किया! अगर तुमने कभी एरडॉश के साथ कोई पेपर लिखा, तो तुम्हें एक खास चीज़ "मिली" जिसे एरडॉश संख्या कहा जाता है। अगर तुमने किसी ऐसे व्यक्ति के साथ लिखा जिसने एरडॉश के साथ लिखा था, तो तुम्हारी संख्या 2। अगर उसने किसी और के साथ... तो तुम्हारी संख्या 3—और इसी तरह आगे। जितनी छोटी एरडॉश संख्या, उतना ही तुम उसके गणितीय "जादू" के करीब!

उसने अपनी एक मज़ाकिया भाषा भी बना रखी थी। वह बच्चों को ग्रीक अक्षर ε (एप्सिलॉन) के नाम पर "एप्सिलॉन" कहता था—क्योंकि गणित में ε का मतलब होता है "बहुत-बहुत छोटी चीज़"।

लेकिन एरडॉश ने कभी हार नहीं मानी। उसका विश्वास था कि आसमान में कहीं एक परफेक्ट किताब है—The Book (किताब)—जिसमें सबसे सुंदर और सबसे शानदार गणितीय प्रमाण लिखे हैं। जब भी वह किसी समस्या को बहुत चतुराई से हल करता, तो वह सोचता कि यह सीधा The Book से आया है।

उसे पैसे की परवाह नहीं थी। वह अपना ज़्यादातर पैसा छात्रों को, गणित प्रतियोगिताओं को, या जरूरतमंद दोस्तों को दे देता। वह मेहमान कमरों में और सोफों पर सोता। वह आखिर तक सूटकेस से ही जीता रहा—यात्रा करता, सोचता, हल करता, और बाँटता रहा।

जब 1996 में एरडॉश की मृत्यु हुई, तब भी वह गणित की समस्याओं पर काम कर रहा था।

उसकी कहानी हमें याद दिलाती है कि गणित सिर्फ संख्याएँ नहीं है—*यह खुशी है, दोस्ती है, जिज्ञासा है, और खेल है*। पॉल एरडॉश ने बस गणित किया नहीं—उसने उसे पूरे दिल से प्यार किया।

तो अगली बार जब तुम कोई कठिन पहेली सुलझाओ, या किसी पैटर्न में अगला कदम सोचो, या कोई ऐसी संख्या मिले जो बहुत "खास" लगे—तो बस कल्पना करना कि एरडॉश तुम्हारे कंधे पर हल्का-सा थपथपा कर फुसफुसा रहा है: "मेरा दिमाग़ खुला है।"

लियोनहार्ड ऑयलर: गणित का जादूगर

चलो कुछ सौ साल पीछे चलते हैं, स्विट्ज़रलैंड के एक शहर में, जहाँ लियोनहार्ड ऑयलर नाम का एक लड़का ऐसी चीज़ में लगा रहता था जिसके बारे में ज़्यादातर बच्चे सोचते भी नहीं: वह मज़े के लिए गणित करता था।

जब दूसरे बच्चे कंचे खेलते या नए-नए खेल बना लेते, लियोनहार्ड संख्याओं, आकृतियों, और चिन्हों के साथ खेलता था। उसे बार-बार पूछना पसंद था: "अगर...?"

चित्र 39: लियोनहार्ड ऑयलर सोचते हुए —"अगर...?"

- अगर तुम किसी आकृति के हर कोने को रेखाओं से जोड़ दो तो क्या होगा?
- अगर संख्याएँ तीरों की तरह अंतरिक्ष में उड़ सकें तो?
- अगर तुम शहर के हर पुल को एक-एक बार पार करना चाहो—बिना वापस मुड़े—तो?

उसके हर "अगर?" में एक पहेली होती थी, और ऑयलर तो मानो पहेलियों का उस्ताद था!

जैसे-जैसे वह बड़ा हुआ, गणित के लिए उसका प्यार कम नहीं हुआ—बल्कि धमाकेदार तरीके से बढ़ गया! उसने ऐसे सवाल सुलझाए जिन्हें कोई और समझ ही नहीं पाता था। उसने गणित करने के ऐसे नए-नए तरीके खोजे जो आज भी हर दिन इस्तेमाल होते हैं!

उसकी गणितीय "सुपरपावर" में से कुछ ये थीं:

- **संख्या e:** यह गणित की "सीक्रेट सॉस" जैसी है। ऑयलर ने दिखाने में मदद की कि यह इतनी ज़रूरी क्यों है, और इसे अक्सर उसी से जोड़ा जाता है।

- **ऑयलर का सूत्र**: एक जादुई पुल जो रेखाओं, वक्रों, कोणों—और यहाँ तक कि वृत्तों—को भी जोड़ देता है। कई लोग कहते हैं कि यह दुनिया का सबसे सुंदर समीकरण है।
- **ग्राफ सिद्धांत**: उसने पूछा—किसी शहर के सात पुलों को कैसे पार करें, बिना किसी पुल को दो बार पार किए? इसी विचार से गणित की एक नई शाखा आगे बढ़ी, और "टोपोलॉजी" जैसी सोच को भी ताक़त मिली!
- **π (पाई)**: हाँ! उसने π को बहुत-बहुत अंकों तक निकालने के लिए नए, चतुर तरीके ढूँढ़े।

जब ऑयलर लगभग 59 साल का था, तब एक दुखद बात हुई—वह पूरी तरह अंधा हो गया। लेकिन क्या उसने गणित करना बंद कर दिया? बिल्कुल नहीं!

उसने सब कुछ अपने दिमाग़ में ही कल्पना कर लिया। वह बड़ी-बड़ी समीकरणों को अंतरिक्ष में घूमते हुए "देख" सकता था, आकृतियों को नाचता हुआ सोच सकता था, और बिना लिखे ही कठिन पहेलियाँ सुलझा सकता था। उसका गणित इतना मजबूत था कि उसे कागज़ की ज़रूरत नहीं पड़ी। उसे आँखों की भी ज़रूरत नहीं पड़ी। वह उसके दिल और दिमाग़ में बसता था।

ऑयलर का रहस्य जादू नहीं था—वह था अभ्यास, लगन, और खेल-खेल में सोचने का मज़ा। उसे कठिन सोच पसंद थी। उसे संख्याओं के जरिए दुनिया को समझना अच्छा लगता था।

तो अगर तुम:

- पहेलियाँ सुलझाना पसंद करते हो,
- बड़े-बड़े "अगर?" वाले सवाल पूछते हो,
- चीज़ों से छेड़छाड़ करके, कोशिश करके, फिर कोशिश करके सीखते हो,

तो तुम भी—दोस्त—लियोनहार्ड ऑयलर की तरह सोच रहे हो: एक सच्चे गणित-कौशल के उस्ताद की तरह!

जेम्स क्लर्क मैक्सवेल: छिपे हुए पैटर्नों का उस्ताद

स्कॉटलैंड के एक शांत कोने में—जहाँ पहाड़ समुद्र की लहरों की तरह लहराते हैं और मैदानों में भेड़ें ऐसे दिखती हैं जैसे घास पर पड़े मार्शमेलो—वहाँ जेम्स नाम का एक लड़का बड़ा हो रहा था... और लगातार सवाल पूछ रहा था। गहरे सवाल। सिर्फ "आसमान नीला क्यों है?" नहीं, बल्कि "प्रकाश किससे बना है?" और "क्या अदृश्य चीज़ों के भी नियम होते हैं?"

जेम्स न तो शोर मचाने वाला था, न दिखावा करने वाला। वह कोमल, विचारशील, और जिज्ञासु था—ऐसी जिज्ञासा जो कभी "ऑफ" ही नहीं होती। अगर तुम उसे कोई पहेली देते, तो वह उसे घुमाता, पलटता, उल्टा करता, और समझने के लिए नई-नई पहेलियाँ भी बना डालता!

जब दूसरे बच्चे जंगलों में दौड़ते-भागते थे, जेम्स रुककर देखता कि खिड़की के काँच से रोशनी की किरण कैसे टकराकर लौटती है, या लोहे के बुरादे चुंबक के चारों ओर कैसे नाचते हैं। वह सिर्फ यह नहीं जानना चाहता था कि क्या हुआ—वह जानना चाहता था कि ठीक-ठीक यह कैसे हुआ।

चित्र 40: जेम्स क्लर्क मैक्सवेल प्रकाश को विभाजित करते हुए

इसे कहते हैं *तकनीकी महारत*—जब कोई किसी चीज़ में इतना निपुण हो जाए कि उसे सबसे छोटी-छोटी बारीकियाँ भी दिखने लगें, और वह उन्हें जोड़कर कुछ बहुत ताक़तवर बना सके। और जेम्स क्लर्क मैक्सवेल तो सचमुच ऐसे उस्ताद थे, जैसा कोई और नहीं।

जेम्स ने गणित को वैसे पढ़ा जैसे कोई कलाकार ब्रश के स्ट्रोक्स को समझता है। जहाँ चित्रकार रंग मिलाते हैं, मैक्सवेल संख्याएँ और आकृतियाँ मिलाते थे। उनका मानना था कि गणित हर चीज़ का वर्णन कर सकता है—यहाँ तक कि उन चीज़ों का भी जिन्हें हम देख नहीं सकते। और वह सही थे।

उनकी सबसे बड़ी उपलब्धियों में से एक थी मैक्सवेल के समीकरण। ये नाम सुनकर बड़े "फैंसी" लगते हैं, लेकिन असल में ये एक नक्शे जैसे हैं—जो बताते हैं कि प्रकाश, बिजली, और चुंबकत्व एक-दूसरे से कैसे जुड़े हैं। इससे पहले किसी ने यह बात इतनी साफ़ तरह से नहीं दिखाई थी।

मानो मैक्सवेल ने ब्रह्मांड का पर्दा थोड़ा हटाकर कहा हो, "देखो! ये घूमती हुई ताक़तें कितने सुंदर नियमों के हिसाब से चलती हैं—और ये रहे वे नियम, सिर्फ चार छोटे-से समीकरणों में लिखे हुए।"

तुम टॉर्च जलाना पसंद करते हो? टैबलेट पर वीडियो देखना? बिजली चमकने के बाद गरज सुनना? ये सब विद्युत-चुंबकीय तरंगों से जुड़े हैं—उसी चीज़ से जिसे मैक्सवेल ने आज से 150 साल से भी पहले समझाया था।

असल में, हर बार जब तुम स्विच ऑन करते हो, टेक्स्ट मैसेज भेजते हो, या वाई-फाई से जुड़ते हो—तो पर्दे के पीछे मैक्सवेल की प्रतिभा का थोड़ा-सा हिस्सा काम कर रहा होता है।

यहाँ तक कि अल्बर्ट आइंस्टाइन—इतिहास के सबसे होशियार वैज्ञानिकों में से एक—ने भी कहा था कि उसने जो कुछ किया, वह जेम्स क्लर्क मैक्सवेल के "कंधों पर खड़े होकर" किया। उसने मैक्सवेल की फोटो अपनी दीवार पर रखी थी—इसलिए नहीं कि मैक्सवेल मशहूर थे, बल्कि इसलिए कि वह बेहद प्रतिभाशाली थे... और वह भी सबसे शांत तरीके से।

जेम्स ने रॉकेट नहीं बनाए। उसने पदक नहीं जीते। उसने बस ब्रह्मांड का इतना ध्यान से, इतनी सटीकता से अध्ययन किया कि उसने वे रहस्य दिखा दिए जो किसी और को नज़र ही नहीं आए थे।

तो अगर तुम्हें पहेलियाँ सुलझाना, पैटर्न ढूँढ़ना, या दुनिया को समझाने वाले डायग्राम बनाना पसंद है—तो तुम भी थोड़े-से जेम्स क्लर्क मैक्सवेल जैसे हो। क्योंकि कभी-कभी उस्ताद होने का मतलब हज़ार काम करना नहीं होता। मतलब होता है *तकनीकी महारत*: एक काम को इतनी परफेक्शन से करना कि उससे दुनिया बदल जाए।

डेविड ई. मैकऐडम्स की अन्य पुस्तकें

संख्याओं का परिचय

अन्ना के मौसम – अन्ना के साथ दुनिया की खोज करें—एक मौसम, एक संख्या एक बार में! हर पृष्ठ एक मनमोहक दृश्य को एक संख्या के साथ जोड़ता है, जिससे गिनती एक आनंदमय, प्रकृति-भरी यात्रा बन जाती है।

एलियन संख्या पुस्तक – ऐसी गिनती यात्रा पर निकलें जैसी और कोई नहीं! एलियन संख्या पुस्तक प्री-स्कूल के बच्चों को 0 से 10 तक की संख्याओं से परिचित कराती है, जिसमें कल्पना के सबसे दूर कोनों से आए अजीबोगरीब, रंगीन एलियन शामिल हैं।

द ड्रैगन नंबर बुक – द ड्रैगन नंबर बुक 0–10 तक की संख्याओं की एक आनंददायक और शैक्षणिक यात्रा है, जिसे बेहद यथार्थवादी ड्रैगन चित्रों ने जीवंत बना दिया है।

लालगाँव गिनती की किताब – "लालगाँव गिनती की किताब" बुनियादी गणित और देहाती हास्य का प्यारा संगम है, जो बच्चों को हँसाते-हँसाते गिनती सिखाती है।

एल्विश नंबर बुक – एल्विश नंबर बुक 0–10 तक की संख्याओं की आनंददायक और शिक्षाप्रद यात्रा है, जिसे एल्फ़ के बेहद यथार्थवादी चित्रों ने जीवंत बनाया है।

द फेरी नंबर बुक – "द फेरी नंबर बुक" 0–12 तक संख्याओं की मनोहर और शिक्षाप्रद यात्रा है, जिसे परियों के बेहद यथार्थपूर्ण चित्रों ने जीवंत बना दिया है।

ट्रक नंबर किताब – 0–13 तक के नंबरों की प्यारी और शिक्षाप्रद यात्रा है, सजीव ट्रक-चित्रों के साथ।

यूनिकॉर्न नंबर किताब – 0–10 तक की संख्याओं की प्यारी और शिक्षाप्रद यात्रा है, जिसे सजीव और सुंदर यूनिकॉर्न चित्रों से जीवन मिलता है।

गतिविधि पुस्तकें

प्ले मनी एक्टिविटी किट के साथ सीखना – लर्निंग विथ प्ले मनी एक्टिविटी किट बच्चों के पैसे के प्रति स्वाभाविक आकर्षण को एक आनंदमय तरीके में बदल देती है, जहाँ वे रचनात्मक और हाथों से करने वाले गणितीय खेलों के माध्यम से गिनती, जोड़, गुणा और बड़ी संख्याओं के कौशल का अभ्यास करते हैं।

भूल-भुलैयों की भरमार! – भूल-भुलैयों की भरमार! 241 हस्तनिर्मित भूल-भुलैयों का रोमांचक संग्रह है, जो हर उम्र के पहेली-प्रेमियों का मनोरंजन, चुनौती और आनंद के लिए बनाया गया है। भूल-भुलैयाएँ सरल राहों से लेकर जटिल लैबिरिंथों तक फैली हैं, आसान से लेकर दिमाग-घुमाऊँ तक।

रंगों का परिचय

तोते के रंग – तोते के रंग के साथ, बच्चे प्रकृति के शानदार रंगों की यात्रा पर निकलेंगे, जिससे रंगों के नाम सीखना एक आनंददायक और डूब जाने वाला अनुभव बन जाएगा।

फूलों के रंग – लीना लोविस द्वारा "फैमिलियर इंडियन फ्लावर्स" (1879) से ली गई सुंदर कलाकृति के साथ, यह पुस्तक प्रीस्कूल बच्चों को रंगों के नाम सिखाती है।

लोगों के रंग – रंगों के नाम सिखाने के साथ-साथ, जीवन की खूबसूरत विविधता का उत्सव मनाने वाली, नन्हे बच्चों के लिए एक चमकदार और रोचक किताब।

शाही रंग – शाही रंग एक मनमोहक चित्र पुस्तक है, जो प्री-स्कूल बच्चों को राजघराने की थीम के माध्यम से रंगों की दुनिया से परिचित कराती है। राजकुमारों और राजकुमारियों के जीवंत चित्रों के साथ, यह पुस्तक रंग सीखने को एक जादुई अनुभव बना देती है।

ब्रह्मांड के रंग – यह पुस्तक नासा के चित्रों का उपयोग करके अंतरिक्ष के रंगों के साथ प्राकृतिक रंगों का उत्सव मनाती है।

ज्यामिति

आकृतियाँ – आकृतियाँ किंडरगार्टन से लेकर पहली कक्षा तक के बच्चों के लिए आकृतियों का एक दृश्य परिचय है। इसमें सरल आकृतियों की समीक्षा करने, नई आकृतियों को पेश करने और पहचान कौशल विकसित करने के कौशल निर्माण शामिल हैं।

मेरे पसंदीदा फ्रैक्टल्स (खंड 1, खंड 2) – फ्रैक्टल जटिल सीमाओं वाली ज्यामितीय आकृतियाँ हैं। इन सीमाओं को कई तरह से रंगकर अद्भुत और अद्भुत चित्र बनाए जा सकते हैं। यहाँ मेरे कुछ उच्च रिज़ॉल्यूशन वाले पसंदीदा चित्र दिए गए हैं।

बहुफलकों के लिए जाल - प्रोजेक्ट बुक – पॉलीहेड्रा के जाल कई घंटों तक रोमांचक मनोरंजन प्रदान करते हैं! प्रत्येक जाल एक पॉलीहेड्रॉन की सतह का प्रतिनिधित्व करता है। इस पुस्तक में प्रत्येक जाल को काटा जा सकता है और एक त्रि-आयामी ज्यामितीय वस्तु में मोड़ा जा सकता है।

गणित सिद्धांत

संख्याएँ – संख्याएँ हमारे चारों ओर हैं! वे हमें बताती हैं कि कितना, कितनी देर और कितनी दूरी, जो हमें दुनिया को समझने में मदद करता है। संख्याएँ सरल, रोचक तरीके से सिखाती है, जिससे सीखना मज़ेदार और आसान बनता है। .

क्या है जो सबकुछ से बड़ा है? (अनंत) – कितना बड़ा है बड़ा? कितना अधिक है अधिक? तुम कितनी दूर जा सकते हो? इस पुस्तक को खोलो और तैयार हो जाओ अपनी कल्पना को पहले से कहीं अधिक दूर तक फैलाने के लिए, सीधे अनंत तक!

झूलों के समुच्चय (समुच्चय सिद्धांत) – झूलों के समुच्चय (समुच्चय सिद्धांत): गणित में सेट्स की पहली झलक—बच्चों की प्राकृतिक वर्गीकरण क्षमता का उपयोग करके "सेट" और "सेट की सदस्यता" का परिचय। सेट्स आधुनिक गणित की आधारशिला हैं।

प्रेरणादायक पुस्तकें

अगर मेरे पास एक राक्षस होता – पूर्व-प्राथमिक बच्चे ऐसे लोगों से घिरे रहते हैं जो उनसे प्यार करते हैं और उनसे जुड़ते हैं। इस सुंदर चित्रों से सजी पुस्तक में, राक्षस उन लोगों का प्रतीक हैं जो बच्चों से प्यार करते हैं और उनसे जुड़ते हैं।

सितारों तक जाने वाली सीढ़ी – शांत चंद्रसीढ़ गाँव में साहिल नाम का एक लड़का सितारों तक चलकर जाने का सपना देखता है। एक crispy शरद-भोर को, वह जौ की पोटली, तिनकों की चप्पलें और शांत दृढ़ निश्चय से भरा दिल लेकर यात्रा पर निकल पड़ता है।

ग्रोइंग अप एंड अप एंड अप – ग्रोइंग अप एंड अप एंड अप एक आत्मीय कहानी है जो बच्चों को जीवन के कई चरणों, बचपन के उत्साह से बुढ़ापे की शांति तक—की यात्रा पर ले जाती है।

गणित प्रेमी के लिए

पाई के पहले दस लाख अंक (π) – पाई (π), एक वृत्त की परिधि और उसके व्यास का अनुपात, हज़ारों सालों से जाना जाता है। चूँकि पाई अपरिमेय है, इसलिए इसके अंक अनंत काल तक चलते रहते हैं। यह पुस्तक पाई के पहले दस लाख अंक देती है।

e के पहले दस लाख अंक – प्राकृतिक लघुगणक का आधार संख्या e, कई वर्षों से जानी जाती है। स्थिरांक e की खोज स्विस गणितज्ञ जैकब बर्नौली ने चक्रवृद्धि ब्याज का अध्ययन करते समय की थी। इस पुस्तक में e के पहले दस लाख अंक थे।

2 के वर्गमूल के पहले दस लाख अंक - गणितज्ञ समझते हैं कि 2 का वर्गमूल अपरिमेय है, इसके अंक बिना दोहराए हमेशा चलते रहते हैं। इसकी गणना एक अनंत श्रृंखला का उपयोग करके की जाती है। यह पुस्तक 2 के वर्गमूल के पहले दस लाख अंकों को सूचीबद्ध करती है।

प्रथम सौ हज़ार अभाज्य संख्याएँ - अभाज्य संख्या एक से बड़ी कोई भी पूर्णांक होती है जिसके गुणनखंड केवल स्वयं और एक ही होते हैं। प्राचीन काल से ही अभाज्य संख्याओं का अध्ययन किया जाता रहा है। यहाँ पहली 100,000 अभाज्य संख्याएँ दी गई हैं।

पुस्तकों की नवीनतम सूची के लिए, देखें:
https://lifeisastoryproblem.tripod.com/aauthor/hindi.html

www.ingramcontent.com/pod-product-compliance
Lightning Source LLC
Chambersburg PA
CBHW050044080526
44586CB00014B/1451
* 9 7 8 1 6 3 2 7 0 9 8 1 3 *